刀光剑影下的文明

★ ★ ★ ★ ★　主编◎王子安　★ ★ ★ ★ ★

WEAPON

汕头大学出版社

图书在版编目（ＣＩＰ）数据

刀光剑影下的文明 / 王子安主编. -- 汕头 ：汕头
大学出版社，2012.4（2024.1重印）
ISBN 978-7-5658-0684-1

Ⅰ. ①刀… Ⅱ. ①王… Ⅲ. ①军事－通俗读物 Ⅳ.
①E-49

中国版本图书馆CIP数据核字(2012)第057621号

刀光剑影下的文明　　DAOGUANG JIANYINGXIA DE WENMING

主　　编：王子安
责任编辑：胡开祥
责任技编：黄东生
封面设计：君阅书装
出版发行：汕头大学出版社
　　　　　广东省汕头市汕头大学内　邮编：515063
电　　话：0754-82904613
印　　刷：唐山楠萍印务有限公司
开　　本：710mm×1000mm　1/16
印　　张：12
字　　数：77千字
版　　次：2012年4月第1版
印　　次：2024年1月第2次印刷
定　　价：55.00元
ISBN 978-7-5658-0684-1

前　言

　　青少年是我们国家未来的栋梁,是实现中华民族伟大复兴的主力军。一直以来,党和国家的领导人对青少年的健康成长教育都非常关心。对于青少年来说,他们正处于博学求知的黄金时期。除了认真学习课本上的知识外,他们还应该广泛吸收课外的知识。青少年所具备的科学素质和他们对待科学的态度,对国家的未来将会产生深远的影响。因此,对青少年开展必要的科学普及教育是极为必要的。这不仅可以丰富他们的学习生活、增加他们的想象力和逆向思维能力,而且可以开阔他们的眼界、提高他们的知识面和创新精神。

　　《刀光剑影下的文明》一书主要介绍了现代战争及未来战争中可能使用的各种武器,如激光武器、生物武器、未来战争武器,还介绍了除常规战场以外的虚拟战场上经常出现的战争类别,如指挥控制战、心理战、黑客战、虚拟战等,又通过举例简要介绍了世界上几支著名的特种部队和部队战士使用的单兵装备。通过阅读本书，读者可以大致了解到现代战争及未来战争的现状及其可能的发展趋势。

本书属于"科普·教育"类读物，文字语言通俗易懂，给予读者一般性的、基础性的科学知识，其读者对象是具有一定文化知识程度与教育水平的青少年。书中采用了文学性、趣味性、科普性、艺术性、文化性相结合的语言文字与内容编排，是文化性与科学性、自然性与人文性相融合的科普读物。

此外，本书为了迎合广大青少年读者的阅读兴趣，还配有相应的图文解说与介绍，再加上简约、独具一格的版式设计，以及多元素色彩的内容编排，使本书的内容更加生动化、更有吸引力，使本来生趣盎然的知识内容变得更加新鲜亮丽，从而提高了读者在阅读时的感官效果。

尽管本书在编写过程中力求精益求精，但是由于编者水平与时间的有限、仓促，使得本书难免会存在一些不足之处，敬请广大青少年读者予以见谅，并给予批评。希望本书能够成为广大青少年读者成长的良师益友，并使青少年读者的思想能够得到一定程度上的升华。

2012年3月

目 录
contents

1

contents

第一章

激光武器

JI GUANG WU QI

与古代战争用刀用箭不同的是，现代战争中出现了很多新型武器，如枪炮，导弹以及我们这里所要讲到的激光武器等。追溯激光武器的起源，我们会发现其实人类对激光的兴趣由来已久。我国古代传说中早就出现过"用光杀人"的记载，例如《封神演义》中就描述过有"哼""哈"二将，他们可从鼻中喷出光来，使敌人丧命。在很多科学幻想中也早有"魔光""死光"之说。但在当时科技水平低下的情况下，这些也都只能是一种幻想。直到1960年激光出现后，这些幻想才逐渐变成了现实。激光武器拥有其他武器所不能比拟的独特之处，比如它的定向性、能量高度集中性以及不需要考虑发射提前量等特点，使它得到了军事家们的广泛亲睐。目前世界上在激光武器研发方面投入大、水平领先的国家有：美、俄、德、以色列和中国。我国的激光武器研究起步较早，可以说基本上与世界先进水平同步。这一章我们就为大家介绍一下究竟什么是激光武器，激光武器的特性以及我国激光武器的发展情况等，使大家对此有一个大致的了解。

激光制导炸弹

激光武器概述

◎ 激光武器

　　激光武器就是一种利用沿一定方向发射的激光束攻击目标的定向能武器，它具有快速、灵活、精确和抗电磁干扰等优异性能，在光电对抗、防空和战略防御中可发挥独特的作用。激光武器作用的面积很小，但作用在目标的关键部位上，可造成目标的毁灭性破坏。这和惊天动地的核武器相比，完全是两种风格。由于激光武器的速度是光速，因此在使用时一般不需要提前量，但因激光易受天气的影响，所

激光制导炸弹

以激光武器至今也没有得到广泛的应用。

激光武器可分为战术激光武器和战略激光武器两种。战术激光武器的突出优点是反应时间短，可拦击突然发现的低空目标。用激光拦击多目标时，能迅速变换射击对象，灵活地对付多个目标；战略激光武器的突出优点是可攻击数千千米之外的洲际导弹，可攻击太空中的侦察卫星和通信

激光武器

卫星等。但激光武器也有缺点，就是不能全天候作战，受限于大雾、大雪、大雨，且激光发射系统属精密光学系统，在战场上的生存能力有待考验。

但是由于陆军的快速发射高炮的炮管寿命短，连续发射几分钟后就要更换，而激光武器不存在多次发射的寿命问题。因此可以预计，未来将在目前弹炮结合防空武器系统的基础上出现新型防空导弹、高炮和激光武器三结合的对空防御系统。其中，激光武器主要拦截从低空、超低空突然来袭的近距离目标，这将可能大大提高对精确武器的拦截概率，解决当前存在的极近程防空问题，并可用于保卫重要目标，如重要机构、指挥中心、通讯和动力中枢等。目前研制的激光武器的体积一般较

大，重量较重，所以各国首先考虑舰载应用。目前，发达国家的大型水面舰只已开始采用核能作为动力，中型水面舰只的电动化改进也已进入实质阶段，这都为激光武器在舰艇上的应用铺平了道路。

鉴于激光武器的重要作用和地位，美、俄、以色列和其他一些发达国家都已经投入了巨额资金，制定了宏大计划，组织了庞大的科技队伍，开发激光武器。至20世纪90年代初，仅美国政府对激光武器的研究投资就高达90亿美元。80年代中后期，苏联和英国的军舰或陆上已有实验性战术激光武器装备，美、法、德等国也作了大量试验。不过，战略激光武器研究费用高，技术难度大，其前景还有待进一步观察。

激光武器的效费比是比较高的。在防空武器方面，当前主体是导弹，激光武器与之相比消耗费用要便宜得多。例如，一枚"爱国者"导弹要60~70万美元，一枚短程"毒刺"式导弹要2万美元，而激光发射一次仅需数千美元。今后随着技术的发展，激光发射一次的费用甚至可降至数百美元。

导弹发射

激光制导

  美国军方在新墨西哥州南部的怀特桑兹导弹试验场首次进行的战术高能武器试验，成功摧毁了一枚飞行中的喀秋莎火箭。美军方官员称，这是世界上第一种以激光为基础的反导系统。美军方还将于近期进行该武器击落多枚"来袭导弹"的试验。该系统由美加利福尼亚州的承包商汤普森·拉莫·伍尔德里奇公司专门为美国陆军和以色列设计制造，开发费用高达2亿美元。该系统尤其适合部署在人口稠密的地方，而且成本十分低廉，据估算，每拦截一枚导弹只需约3000美元。美国防部目前还正在考虑研制一种机动性能更强、打击范围更广、主要针对弹道导弹的激光拦截技术。

◎ 激光特性

  激光具有单色性，基谱线宽度很窄。普通光源中氪灯的谱线宽度为千分之五埃（一埃是一亿分之一厘米），算是最窄的了，但氦氖激光器产生的激光谱线宽度只有千万分之一埃。也就是说，激光的单色性比氪灯提高了几十万倍。激光能够向一个方向辐射，散开角度只有几分，甚至小到一秒。激光的高方向性使它在军事上很受重视。

高度集束的激光，能量也非常集中。举例说，一般我们都认为太阳是非常亮的，但一台巨脉冲红宝石激光器发出的激光却比太阳还亮200亿倍。当然，激光比太阳还亮，并不是因为它的总能量比太阳还大，而是由于它的能量非常集中。例如，红宝石激光器发出的激光射束，能穿透一张1/3厘米厚的钢板，但总能量却不足以煮熟一个鸡蛋。激光作为武器，有很多独特的优点。首先，它可以用光速飞行，每秒30万千米，任何武器都没有这样高的速

红宝石脉冲激光器

度。它一旦瞄准，几乎不要什么时间就可以立刻击中目标，用不着考虑提前量。另外，它可以在极小的面积上、在极短的时间里集中超过核武器100万倍的能量，还能很灵活地改变方向，没有任何发射性污染。

激光怎样击毁目标呢？科学家们认为有两个方面：一是穿孔，二是层裂。所谓穿孔，就是高功率密度的激光束使靶材表面急剧熔化，进而

汽化蒸发，汽化物质向外喷射，反冲力形成冲击波，在靶材上穿一个孔。所谓层裂，就是靶材表面吸收激光能量后，原子被电离，形成等离体"云"。"云"向外膨胀喷射形成应力波向深处传播。应力波的反射造成靶材被拉断，形成"层裂"破坏。除此以外，等离子体"云"还能辐射紫外线或X光，破坏目标结构和电子元件。

军事小百科

"爱国者"导弹

"爱国者"导弹是美国研制出的一种全天候多用途地空战术导弹。该导弹主要用于对付现代装备的高性能飞机，并能在电子干扰环境下击毁近程导弹，拦截战术弹道导弹和潜射巡航导弹。导弹长5.31米，弹径0.41米，弹重1吨，最大飞行速度6倍音速，最大射程80千米，战斗部为高能炸药破片杀伤型。

爱国者导弹曾在1991年海湾战争中发挥了重要作用。如果说"战斧"是美军导弹之矛，那么"爱国者"就是美军导弹之盾。"爱国者"扬名于海湾战争中对伊拉克"飞毛腿"导弹的拦截，尽管当时"爱国者"（PAC-2型）的拦截精

爱国者导弹

度并不像美军吹嘘的那么
高，但在实战中已勾勒出
美军"以弹击弹"的导弹
防御计划轮廓。

"爱国者"导弹目前
最高型号为PAC-3型，
美国开发国家导弹防御系
统（NMD）的试验即由
PAC-3完成，成功率约为
50%。另外，据称美军已开
始组建PAC-3型导弹营。
海湾战争后，"爱国者"
导弹出口量大增，美国在
以色列等中东盟国也加

爱国者（PAC-3）导弹

紧部署、完善以"爱国者"为主导的防御网。在对伊战争中，"爱国
者"的任务就是盯紧萨达姆手中已不多的"飞毛腿"导弹，防止可装
生化弹头的"飞毛腿"打中美军和盟国目标。

激光武器分类

◎ 战术激光武器

战术激光武器是利用激光作为能量，像常规武器那样直接杀伤敌方

激光制导炸弹

人员、击毁坦克、飞机等，打击距离一般可达20千米。这种武器的主要代表有激光枪和激光炮，它们能够通过发出很强的激光束来打击敌人。1978年3月，世界上第一支激光枪在美国诞生。激光枪的样式与普通步枪没有太大区别，主要由四大部分组成：激光器、激励器、击发器和枪托。国外还出现了一种红宝石袖珍式激光枪，

外形和大小与美国的派克钢笔相当，但它能在距人几米之外烧毁衣服、烧穿皮肉，且无声响，在不知不觉中致人死命；并可在一定的距离内，使火药爆炸，使夜视仪、红外或激光测距仪等光电设备失效。还有7种稍大的重量与机枪相仿的小巧激光枪，能击穿铜盔，在1500米的距离上烧伤皮肉、致瞎眼睛等。

战术激光武器的"挖眼术"不光能造成飞机失控、机毁人亡或使炮手丧失战斗能力，而且由于参战士兵不知对方激光武器会在何时何地出现，常常会受到沉重的心理压力。因此，激光武器又具有常规武器所不

具备的威慑作用。1982年英、阿马岛战争中，英国在航空母舰和各类护卫舰上就安装有激光致盲武器，曾使阿根廷的多架飞机失控、坠毁或误入英军的射击火网。

◎ 战略激光武器

战略激光武器可攻击数千千米之外的洲际导弹，还可攻击太空中的侦察卫星和通信卫星等。例如，1975年11月，美国的两颗监视导弹发射井的侦察卫星在飞抵西伯利亚上空时，就被前苏联的"反卫星"陆基激光武器击中，并变成了"瞎子"。因此，高基高能激光武器是夺取宇宙空间优势的理想武器之一，也是军事大国不惜耗费巨资进行激烈争夺的根本原因。据外刊透露，自70年代以来，美俄两国都分别以多种名义进行了数十次反卫星激光武器的试验。

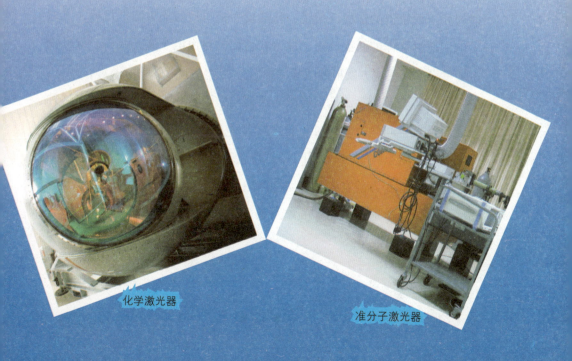

化学激光器

准分子激光器

目前，反战略导弹激光武器的研制种类有化学激光器、准分子激光器、自由电子激光器和调射线激光器。例如：自由电子激光器具有输出功率大、

美国陆基洲际弹道导弹

光束质量好、转换效率高、可调范围宽等优点。但是，自由电子激光器体积庞大，只适宜安装在地面上，供陆基激光武器使用。作战时，强激光束首先射到处于空间高轨道上的中断反射镜。中断反射镜将激光束反射到处于低轨道的作战反射镜，作战反射镜再使激光束瞄准目标，实施攻击。通过这样的两次反射，设置在地面的自由电子激光武器，就可攻击从世界上任何地方发射的战略导弹。

高基高能激光武器是高能激光武器与航天器相结合的产物。当这种激光器沿着空间轨道游弋时，一旦发现对方目标，即可投入战斗。由于它部署在宇宙空间，居高临下，视野广阔，更是如虎添翼。在实际战斗中，可用它对对方的空中目标实施闪电般的攻击，以摧毁对方的侦察卫星、预警卫星、通信卫星、气象卫星，甚至能将对方的洲际导弹摧毁在助推的上升阶段。

军事小百科

马岛战争

马岛战争全称马尔维纳斯群岛战争或福克兰群岛战争或福克兰海战，也有部分媒体简称其为福岛战争，是1982年4月到6月间，英国和阿根廷为争夺马岛（阿根廷称"马尔维纳斯群岛"）的主权而爆发的一场战争。

阿根廷在20世纪80年代初发生了严重的经济危机和大规模的反对以

马尔维纳斯群岛

加尔铁里总统为首的军政府的运动。阿根廷政府试图通过对马岛采取军事行动，来缓解国内危机。1982年3月19日，阿根廷人登陆南乔治亚岛并升起国旗。4月2日，加尔铁里总统下令出兵占领马岛，马岛战争正式爆发。

英国最初对阿根廷的进攻感到吃惊，随后派遣了一支海军特遣战斗群来对抗阿根廷海空军的进攻，皇家海军陆战队也加入了战斗。在一番激烈和艰苦的争夺后，英军夺回了马岛的控制权。但是阿根廷至今仍未放弃对马岛的主权要求。战争对双方都产生了巨大的政治影响。阿根廷的战败导致了其国内更大规模的反政府运动，并最终导致了军政府倒台。相反，对于英国来说，强烈的爱国主义情绪横扫全国，加强了以首相撒切尔夫人为首的政府的权威，同时帮助英国保守党赢得了1983年的普选。尽管这场战争双方的伤亡并不是很大，在双方历史的长河中也很难称为主要历史事件，但它在两国历史上还是占有重要的一页，并成为不少书籍、电影和歌曲的题材。

第二章

生物武器

生物武器又称细菌武器，是生物战剂及其施放装置的总称，它的杀伤破坏作用依靠的是生物战剂。对生物武器的认识，想必很多人都是从科幻电影里面得到的，美国系列科幻电影《生化危机》为我们呈现的就是一个由于运用了生物武器所导致的可怕世界。在科学技术越来越发达的社会背景下，为了在战争中赢得胜利，获得更大的利益，每个国家都在不遗余力地研究更加新型的武器，生物武器也就应运而生了。在自然界物竞天择、适者生存的残酷定律下，每种生物都有其生存的秘密。而经过多年的研究，人类已经破译了很多自然密码并可以对其进行更改，例如人类已经能对生物基因等进行改变重组，使它能够变成武器，并运用于战争中。但是违背自然规律注定是要受到惩罚的。无论是已经发生的施放生物武器的战争实例，还是科幻电影中人类构想的生化危机都向人类展示了现代生物武器的可怕性和生物战的危害性。所以如果人类想远离灾难、永享和平，如果人类还想为自己的子孙后代保留一个美好的地球，人类就必须严格禁止生物武器，让生物战在地球上消声匿迹。

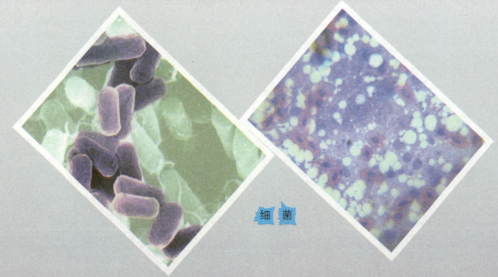

细 菌

生物战剂

生物战剂指的是军事上用以使人畜和植物致病的微生物、细菌和载有这些微生物、细菌及病毒的昆虫、动物、植物，旧称细菌战剂，它是生物武器的基础。可用作生物战剂的病原体有细菌、病毒、立克次体、病原体及其他菌类。生物战剂通常以液态或干粉制剂的状态使用，施效方法以生物战剂气溶胶污染近地面的空气层，随风传播；也可以通过带菌昆虫如蝇、虱等病媒传播。有极强的致病性和传染性，经呼吸道、消化道、皮肤和黏膜侵入机体，经一定的潜伏期后，使人、畜受染发病。受染面积广，危害作用持久，能对人畜造成长期危害。

生病的植物

在一定条件下，传染病可在人口密集区蔓延，形成疫病流行，但生物战

剂受自然条件（日光、风雨、气温等）影响较大，在使用上受到一定限制。生物战剂的施放装置包括炮弹、航空炸弹、火箭弹、导弹弹头和航空布撒器、喷雾器等。以生物战剂杀死有生力量和毁坏植物的武器统称为生物武器。

生物战剂的种类很多，据国外文献报道，可以作为生物战剂的致命微生物约有160种之多，但就具有引起疾病能力和传染能力的来说为数并不算很多。生物战剂是构成生物武器杀伤威力的决定因素。致病微生物一旦进入机体（人、牲畜等）便能大量繁殖，从而破坏机体功能、发病甚至死亡，它还能大面积毁坏植物和农作物等，杀伤力非常强大。

根据生物战剂的特点，可将其分为以下几类：

（1）神经性毒剂。这是一种作用于神经系统的剧毒有机磷酸酯类毒剂，分为G类和V类神经毒。G类神经毒是指甲氟膦酸烷酯或二烷氨基氰

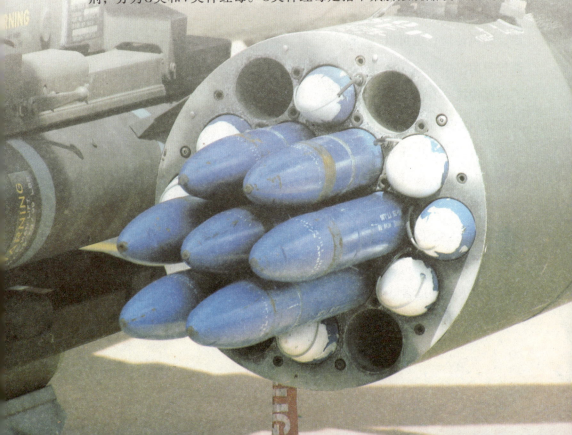

膦酸烷酯类毒剂，主要代表物有塔崩、沙林、梭曼；V类神经毒是指二烷氨基乙基甲基硫代膦酸烷酯类毒剂，主要代表物有维埃克斯（VX）。

（2）糜烂性毒剂。这是能引起皮肤起泡糜烂的一类毒剂，能让人缓慢痛苦地腐烂死去，没有特效药。主要代表物有芥子气、氮芥和路易斯气。

（3）窒息性毒剂。这是指损害呼吸器官，引起急性中毒性肺气而造成窒息的一类毒剂。其代表物有光气、氯气、双光气等。光气在常温下为无色气体，有烂干草或烂苹果味，难溶于水、易溶于有机溶剂。在高浓度光气中，中毒者在几分钟内便会由于反射性呼吸、心跳停止而死亡。

（4）全身中毒性毒剂。这是一类破坏人体组织细胞氧化功能，引起组织急性缺氧的毒剂。主要代表物有氢氰酸、氯化氢等。氢氰酸有苦杏仁味，可与水及有机物混溶，战争使用状态为蒸气状，主要通过呼吸道吸入中毒，中毒者会感到呼吸困难等，重者可迅速死亡。

（5）刺激性毒剂。这是一类刺激眼睛和上呼吸道的毒剂。按毒性作用分为催泪性和喷嚏性毒剂两类。催泪性毒剂主要代表物有氯苯乙酮、西埃斯；喷嚏性毒剂主要代表物有亚当氏气。

催泪弹

（6）失能性毒剂。这是一类暂时使人的思维和运动机能发生障碍从而丧失战斗力的化学毒剂。其主要代表物是1962年美国研制的毕兹（二苯基羟乙酸–3–奎宁环酯）。该毒剂为白色或淡黄色结晶，不溶于水，微溶于乙醇；战争使用状态为烟状；主要通过呼吸道吸入中毒，中毒症状有：瞳孔散大、头痛幻觉、思维减慢、反应呆痴等。

而根据生物战剂的形态和病理又可将其分为以下几类：

（1）细菌类生物战剂。主要有炭疽杆菌、鼠疫杆菌、霍乱弧菌、野兔热杆菌、布氏杆菌等。

（2）病毒类生物战剂。主要有黄热病毒、委内瑞拉马脑炎病毒、天花病毒等。

（3）立克次体类生物战剂。主要有流行性班疹伤寒立克次体、Q热立克次体等。

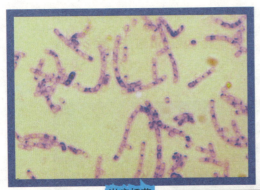

炭疽杆菌

霍乱弧菌在tcbs平板上的菌落特征

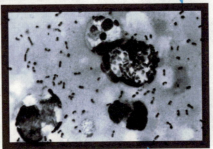

显微镜下的鼠疫杆菌

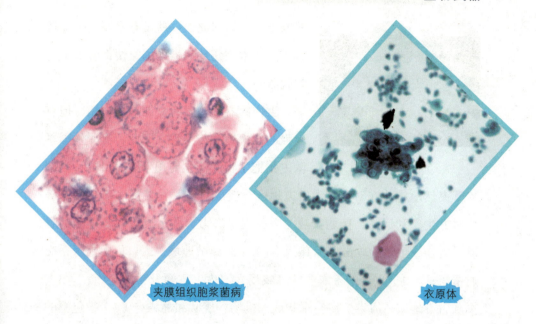

夹膜组织胞浆菌病

衣原体

（4）衣原体类生物战剂。主要有鸟疫衣原体。

（5）毒素类生物战剂。主要有肉毒杆菌毒素、葡萄球菌肠毒素等。

（6）真菌类生物战剂。主要有粗球孢子菌、荚膜组织胞浆菌等。

生物战

生物战是使用某些种类的新、危病毒（原称细菌武器）进行生物破坏，以达到伤害人畜、毁坏农作物的一种作战手段。在作战中，通过各种方式投放生物战剂，造成对方广大地区传染病流行，大面积农作物坏死，从而达到削弱对方战斗力，破坏其的目的。生物战可以在短时期内，给对手造成经济、政治和生命的严重破坏。生物武器被称为"穷人

刀光剑影下的文明

污染区

的原子弹"，因此，一些没有雄厚资金支持研究高技术杀伤性武器的国家便都盯上了生物武器。

生物武器一般没有立即杀伤作用，但有较强的致病性和传染性。因此，有些外国军队主张把生物武器主要用于战略目的，强调秘密突然地施放在对方广大后方地区，造成对方军民传染病流行，以破坏对方生产和运输，削弱其战斗力和战争潜力，并造成对方心理上的恐慌。生物战主要的攻击目标有：（1）军队集结地域，人口集中地区，交通枢纽；（2）重要的工农业区、牧场、水库、水源及粮食仓库；（3）军队后方地域、海港、海空军基地、机场、舰队和岛屿；（4）被包围的城市、要塞等。在外国军队中有人主张，生物武器也可用于战役战术地区，造成严重的污染区，以限制对方的机动。进攻顺利时，一般不使用生物武器，但对设防坚固的孤立据点可能使用；防御中，对进入的对方

有生力量，主要使用潜伏期短的生物武器。

而对付生物战的主要办法有：（1）采取各种侦察手段，了解敌人研制使用生物武器的动向，积极作好各方面的准备；（2）以积极打击的手段，摧毁敌人发射生物武器的阵地和施放工具；（3）采取各种防护措施，预防人、畜、农作物受染和发病，迅速消除其后果。生物战给对方造成危害程度的大小，取决于对方的防护准备、防护措施和卫生条件。美军在侵朝战争中大规模使用细菌武器，由于中国人民志愿军和朝鲜人民军严密组织防护，广泛开展了群众性卫生运动，所以把危害作用减少到了最低限度。

细菌弹

生物战本身并不是现代发明的，很早以前罗马人就曾使用死的动物

一战时期的战斗机

污染敌人的水源，其用意是使敌人的战斗力因受感染而削弱，容易被挫败。事实上，利用细菌消灭敌人的想法并不新奇。如炭疽、蓖麻毒素等都可以用于制造生物武器，而且这些生物都可以从谷物、动物、甚至泥土中获得。第一次世界大战中，德军曾利用马鼻疽、炭疽病菌袭击协约国军队的人员和马匹，开了使用生物武器的先例。

侵华日军从1935年起在中国的哈尔滨等地大规模研制细菌武器，1940年至1942年间向浙江、湖南、河南、河北等省的11个县、市撒布鼠疫杆菌，引起一些地区鼠疫流行。1950年朝鲜战争时期，美国在中国东北投放细菌弹，造成当地痢疾霍乱脑膜炎等严重传染病流行。美国及一些欧洲国家也曾研制过细菌武器。美军在侵朝战争中，对朝鲜北部及中国东北某些地区，曾数百次使用细菌武器。1952年，"国际民主法律工作者协会调查团"和"调查在朝鲜和中国的细菌战事实国际科学委员会"调查了美军这一罪行，并将之公布于世。美国也对古巴实施过"生物战"，即用播散病毒的方法来破坏古巴的养蜂业，造成古巴经济滑坡。伊拉克也公开承认生产过炭疽武器。以色列还正在研究能够对付阿拉伯人，但对犹太人不起作用的生物武器。

1971年12月，联合国大会通过了《禁止细菌（生物）和毒素武器的发展、生产及贮存以及销毁这类武器的公约》，并于1972年在苏、美、英三国首都开放签署。但一些国家还是违反公约原则在继续研制生物武器，并装备部队。例如二战结束以后，美国未停止生物武器的研究，他们搜罗了原本在德国日本搞生物战的战犯，并高薪雇佣这些人去美国帮他们搞生物武器研究。前日本关东军731部队的首席战犯，也就是在中国东北拿中国人作"活人实验"的日本人，二战后就一直在美国为美国"作研究工作"，并安度晚年，引起中国人及世界上其他国家爱好和平人士的强烈不满。因此，许多国家军队都非常重视反生物战的训练，强

日军731部队遗址

调在平时做好反生物战的准备。

　　未来战争将不再是单纯性战斗，随着生物战的全面展开，人类可能面临的战争形态也将变成不对称的战争。而国际形式变幻莫测，未来世界究竟会变成什么样子，真是让人不得不担忧啊。

军事小百科

日本731部队

　　731部队是旧日本军（关东军）防疫给水本部的别名。该单位由石井四郎所领导，因此也称之为"石井部队"。731部队也是在抗日战争（1937—1945年）和第二次世界大战期间，日本陆军于日本以外领土从事生物战细菌战研究和人体试验相关研究的秘密军事医疗部队的代称，也是日本帝国主义在占领满洲期间（1931—1945年）犯下的许多战争罪行之一。

　　731部队伪装成一个水净化部队，把基地建在中国东北哈尔滨附近的平房区，这一区域当时是傀儡政权满洲国的一部分。一些研究者认为有超过10000名中国人、朝鲜人以及联军战俘在731部队的试验中被害，但是对于具体数量的多少还存在争议。

　　731部队是日本军国主义准备细菌战的特种

石井四郎

部队，在战略上占有重要地位。日本军人所谓的"小小的哈尔滨，大大的平房"，在某种意义上正说明了这一点。就其规模来说，当时他们的基地算得上是世界上最大的细菌工厂；就其地位来说，它归属日本陆军省、日军参谋本部和日

侵华日军731部队遗址

本关东军司令部双重领导。该部队的人事配备是很强的，拥有从事细菌战研究工作人员2600余人，其中将级军官5名，校级军官30余名，尉级军官300余名。从1936年到1942年7月由石井四郎中将为部队长，1942年8月到1945年2月北野政次少将接任部队长，1945年3月到同年8月石井四郎又重任部队长。它的直属各个部以及各个支队都配备佐级军官负责，对一些重要部门都配备了少将级军官负责。

731部队分为8个部和4个支队：

第一部（细菌研究），菊地少将为部长。下属有专门从事鼠疫研究的"高桥班"，从事滤过性病毒及当地风土病研究的"笠原班"，从事细菌媒介——昆虫研究的"田中班"，从事冻伤研究的"吉村班"，从事赤痢研究的"江岛班"，从事脾脱疽研究的"太田班"，从事霍乱

研究的"凑班"，从事病理研究的"岗本班"和"石川班"，从事血清研究的"内海班"，从事药理研究的"草味班"，以及从事立克次氏体（包括跳蚤）研究的"野口班"。

第二部（细菌试验），由太田大佐兼任部长。这个部下设一个分部，专门培育和繁殖供散布鼠疫菌用的寄生虫。下属一个航空班和在安达东三十五里的鞠家窑的特别试验场。这个部的主要任务是除了用人作细菌试验之外，还通过"八木泽班"对植物进行病毒研究和试验。

第三部（细菌武器制造），由江口中佐任部长。这个部下属两个工厂，一个是滤水器制造厂，这是为掩人耳目而设的。另一个是在杨马架子的瓷弹壳制造厂，专门生产"石井式"细菌炸弹等细菌武器。

第四部（细菌生产），由川岛少将任部长。这个部下设两个分部，每一分部按照分工独立地进行各种细菌的生产。

总务部，起初由中留中佐为部长，后由太田大佐兼任。该部是731部

队本部的综合部门，权力很大，它
不仅负责整个部队的财务管理、生
产计划、人事分配，而且更重要的
是直接与宪兵队联络和接收作细菌
试验的人。

训练教育部，起初由园田大佐
任部长，后来由西中佐接任部长。
这个部专门负责培训从事细菌研
究、生产和使用细菌武器的专业人
才。据资料记载，仅少年队员的培
训就进行了四期。

资料供应部，由大谷少将任部
长。这个部负责各种器材、设备的
供应。

诊疗部，由永山大佐任部长。
这个部负责对细菌传染的预防和日
本人的疾病医疗事宜。

与各部平行的还有一个石井特

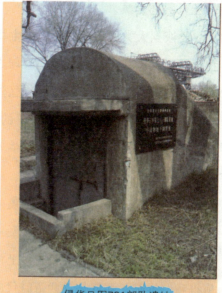

侵华日军731部队遗址

侵华日军第731部队六号楼残迹

别班，由石井四郎的家族人员亲自把持。石井四郎的二哥次男刚男负责
"特别秘密监狱"的管理，石井四郎的三哥三男负责试验动物饲养的领
导工作。

◎ 生物战的起源

　　要谈到人类历史上最早利用生物武器进行的战争，估计可以追溯到我国的汉朝。在汉武帝后期的汉匈之战中，匈奴人便使用了生物武器，据史料记载，当时由于汉军攻势猛烈，匈奴听说汉军到来后，便在汉军必经的道路和水源处埋设了牛羊的尸体，从而成功阻挡了汉军前进的脚步。因为汉军接触或饮用过被牛羊尸体污染的水源后，大范围感染疫情，军队战斗力丧失，不战而败。那些被埋设的牛羊便是做过特殊毒化处理的生物武器。因此而产生的瘟疫伤寒死亡率极高，这可以说是人类历史上记载的第一代生物武器、第一场生物战争。

　　这场生物战的后果虽然史料上没有详细记载，但有一个历史之谜很值得我们推敲，那就是汉武帝时代的名将霍去病的死亡之谜。根据汉书记载，霍去病在征战匈奴过程中，军队从来不带粮草，完全依靠猎食匈奴的牛羊，结果不少部下都感染了瘟疫，这位24岁的年轻将领虽然一直体魄健壮，但远征归来后便暴病身亡。联想到匈奴的战术，我们有理由怀疑霍去病很可能就是生物战的牺牲品。

　　由于缺乏有效的防疫手段，从武帝后期开始，直到三国魏晋的二百

霍去病墓地

余年间，这种流行瘟疫呈十至二十年的周期性反复发作，绵延不断，对中国历史产生了极其深远的影响。匈奴人在最初使用生物武器时绝对不会料到，他们在战场上应用的武器会贻害百年。而且匈奴本身虽然是这场生物战的最初发动者，后来却也成为严重的受害者。那场生物战后，匈奴部族多次遭受大的瘟疫袭击，人口锐减，加上汉军不断打击，势力急剧衰落。随着北匈奴的西迁，在公元3世纪后，这种瘟疫开始爆发于中亚，5世纪又流行到罗马，10世纪前后则传播到几乎整个欧洲，对中古欧洲历史都产生了巨大影响。

◎生物战的发展

14世纪在意大利流行的黑死病，是人类历史上又一次恐怖的生物战。1345年，黑海之滨富饶的科里尼亚半岛有谣传，说在东方肆虐的一股瘟疫正在到处蔓延，但是当时更让人胆战心惊的不是传说中的瘟疫，而是所向披靡的蒙古大军。科里尼亚半岛的卡法城便是意大利商人建立起来的设防城市，坚固的城防和守军的顽强抵抗，使滨临城下的蒙古大军围城一年也无法攻克，这时传说中的恐怖瘟疫开始在蒙古军队里爆发，士兵们纷纷死亡，蒙古军队被迫停止攻城，调整战术，瘟疫派上了用场。他们在城墙外架起一排排三人多高的巨大的木制抛石机向城里发

射"炮弹",而"炮弹"全部是人,或确切的说是一具具被瘟疫感染正在腐烂的士兵尸体,卡法城里顿时尸横遍野,不久便爆发了大规模的瘟疫——黑死病。这种瘟疫其实就是我们今天说的鼠疫,是一种由鼠疫杆菌引起的烈性传染病,卡法城因此成了一座人间地狱,侥幸活下来的人也都被迫逃亡,不过令逃亡者没有想到的是与他们随行的还有传播黑死病的罪魁祸首——老鼠和跳蚤。很快黑死病便被带到了整个欧洲,不仅欧洲大陆,连英伦三岛和北非国家也都无一幸免,在短短两年内黑死病把欧洲近三分之一的人口送入地狱,欧洲历史也因为这场残酷的生物战而从此改写。

再把目光从欧亚大陆转移到万里之隔的美洲,生物战同样使那里的人遭受了一场大浩劫。16世纪后期,天花等传染性极强的瘟疫在美洲大陆大肆流行。可是,造成印第安人几乎灭绝的不是天灾而是人祸,是西班牙等西方殖民者为了扩张的需要而在美洲进行生物战的结果;因为以天花为主的一系列致命病菌正是西班牙人在战场上攻克强大印第安人的

秘密武器。

　　天花是一种很古老的疾病。在15世纪欧洲殖民者发现新大陆以前，天花等传染性疾病曾在欧洲多次肆虐，幸存下来的欧洲人也因此具备了对天花等疾病的免疫力，这种免疫力也可以遗传给下一代。而在广阔的美洲大陆由于始终没有发展出像欧亚大

牲　畜

陆那样复杂的农耕文明，美洲人驯养的牲畜也非常有限，人畜之间的少有接触使人类不易感染到动物的病原体，所以美洲大陆的人们对那些来自于牛马等牲畜的疾病几乎没有任何抵抗力和免疫力，所以天花在美洲是司空见惯的风土病，但被殖民者带入美洲后就摇身一变成为杀人无数的生物武器。

　　15世纪末，哥伦布发现美洲以后，西班牙迅速开始了征途行动，1519年西班牙人克尔特斯率领600多名殖民者在墨西哥湾登陆，开始了征服阿斯提克帝国的军事行动。但强大的阿斯提克帝国拥有数百万英勇善战的人口，所以尽管殖民者在武器装备上占尽优势，却仍然被当地人打得落花而逃，于是恼羞成怒的西班牙人将天花作为秘密武器用于战场上。1522年，阿斯提克人捕获了一名感染天花的西班牙士兵，接着就造成天花在阿斯提克帝国的大流行，十年之间帝国一半人口被天花吞噬，连皇帝奎特拉瓦克也不例外。一个世纪后，天花的肆虐使阿斯提克由原

印第安人

来的2000万人口骤减到160万左右，一个强大的帝国因此消亡。另外一个强大的帝国印加帝国也因为天花的流行而被皮萨罗领导的不到200名殖民者轻易的征服了。辉煌一时的玛雅文明也没有逃脱灭亡的命运。同样在征服北美大陆印第安人的战争中，天花等致命病菌又一次发挥了它的威力，殖民者或是挑选那些感染天花的士兵与印第安人决斗，或是别有用心的给印第安人送去天花患者用过的毯子，造成天花在印第安人中的大流行，几个原先有数百万人口的印第安部落减少到只剩下数千人或完全灭绝。根据史料记载，殖民者带入美洲的病菌除了头号杀手天花以外，还有麻疹、流行性感冒、斑疹伤寒、肺结核、狂热病、疟疾、白喉等，这些病菌在美洲造成了一连串的瘟疫，无情吞噬了毫无免疫力的印第安人。

根据有关学者的粗略计算，在西方殖民者进入美洲以前，北美印第安人至少有2000万左右，而到16世纪末则只剩下了100万人，人口减少幅度达到百分之九十五以上，在这个过程中，印第安人死于天花等致命病菌的人数要比死于殖民者枪炮和刀剑下的多得多。病菌杀死了绝大多数印第安人，摧毁了他们的斗志，削弱了殖民者遭遇的抵抗力，更加速了美洲印第安文明衰亡的历史命运。生物战的巨大杀伤力和狰狞面目令人胆寒，如果说在古代生物战争中生物武器的利用往往只是无心插柳，是在取得出人意料的效果后才被扩大化的。那么，随着现代科学的发展，人们对生物武器的了解远比古代丰富，如果有目的地制造或者使用生物武器，一方面生物武器会更具杀伤力，一方面由无意之举演变为主观故意的行为也必将给人类带来最深重的灾难。

军事小百科

天 花

　　天花是由天花病毒引起的一种烈性传染病，也是到目前为止，在世界范围被人类消灭的第一个传染病。天花是世界上传染性最强的疾病之一，这种病毒繁殖快，能在空气中以惊人的速度传播。假设美国俄克拉荷马州有3000人感染天花病毒，12天内病毒就会扩散到美国各地，殃及数百万人。

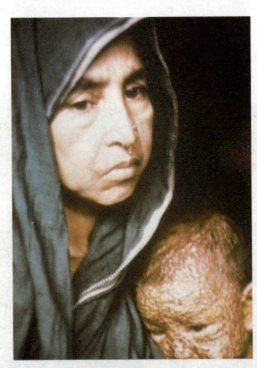

天花患者

　　天花患者在痊愈后脸上会留有麻子，"天花"由此得名。天花病毒外观呈砖形，约200纳米×300纳米，抵抗力较强，能对抗干燥和低温，在痂皮、尘土和被服上，可生存数月至一年半之久。天花并发症多发生于重型患者，一般为继发性细菌感染，常为金黄色葡萄球菌、溶血性链球菌及肺炎球菌等。可发生蜂窝织炎、软组织脓肿、结膜炎、角膜溃疡、全眼球炎、中耳炎、喉炎、支气管肺炎、胸膜炎等。

个别可并发脑脊髓炎、肾炎、睾丸炎、流产、褥疮等。典型天花患者身上往往留下终身存在的凹陷瘢痕，尤其以面部较明显，导致毁容，俗称"麻面"，往往对患者造成严重的心理打击。角膜溃疡、全眼球炎则可能导致患眼失明。

天花病毒

天花临床表现主要为严重毒血症状（寒战、高热、乏力、头痛、四肢及腰背部酸痛，体温急剧升高时可出现惊厥、昏迷）、皮肤成批依次出现斑疹、丘疹、疱疹、脓疱，最后结痂、脱痂，遗留痘疤。天花来势凶猛，发展迅速，对未免疫人群感染后15～20天内致死率高达30%。

天花病毒有高度传染性，没有患过天花或没有接种过天花疫苗的人，不分男女老幼包括新生儿在内，均能感染天花。天花主要通过飞沫吸入或直接接触而传染，当人感染了天花病毒以后，大约有10天左右潜伏期，潜伏期过后，病人发病很急，多以头痛、背痛、发冷或寒战。高热等症状开始体温可高达41℃以上，伴有恶心、呕吐、便秘、失眠等，小儿常有呕吐和惊厥。发病3～5天后，病人的额部、面颊、腕、臂、躯干和下肢出现皮疹。开始为红色斑疹，后变为丘疹，2～3天后丘疹变为疱疹，以后疱疹转为脓疱疹。脓疱疹形成后2～3天，逐渐干缩结成厚痂，大约1个月后痂皮开始脱落，遗留下疤痕，俗称"麻斑"。重型天花病人常伴并发症，如败血症、骨髓炎、脑炎、脑膜炎、肺炎、支气管

天花病毒

炎、中耳炎、喉炎、失明、流产等。

对天花病人要严格进行隔离，病人的衣、被、用具、排泄物、分泌物等要彻底消毒。对病人除了采取对症疗法和支持疗法以外，重点是预防病人发生并发症，口腔、鼻、咽、眼睛等要保持清洁。

由于天花病毒只在人身上传染，而且牛痘疫苗可以有效地终身地防止天花的传染，因此自1977年以后世界上没有发生过天花。最新科学研究发现：天花有种特别的能力，它可以截获免疫系统传递的信息，从而使免疫系统失效，所以科学家决定保留一些样本以供研究。

基因武器

基因武器，也称遗传工程武器或DNA武器。它运用先进的遗传工程这一新技术，用类似工程设计的办法，按人们的需要通过基因重组，在一些致病细菌或病毒中接入能对抗普通疫苗或药物的基因，或者在一些本来不会致病的微生物体内接入致病基因而制造成生物武器。它能改变非致病微生物的遗传物质，使其产生具有显著抗药性的致病菌，利用人种生化特征上的差异，使这种致病菌只对特定遗传特征的人们产生致病作用，从而有选择地消灭敌方有生力量。

◎ 基因武器的研制

基因武器是生物武器中的新成员。早在1976年，苏联就提出了"以特定种族为对象"研制新式武器的设想。所谓基因武器，就是运用遗传工程技术，采用类似工程设计的办法，根据作战需要，在一些致病细菌或病毒中接入能对抗普通疫苗或药物的基因，产生具有显著抗药性的致病菌；或在一些本来不会致病的微生物体内接入致病基因，制造出新的生物制剂。其本质是研究不同种族和人群的基因特性，将其适用于目标人群，从而导致某一种族或人群的灭亡。

与造价昂贵的大规模杀伤性武器相比，基因武器无疑拥有许多无可比拟的优势。首先是成本低，便于大规模研制，杀伤力极强。据估算，用5000万美元建造的基因武器库，其杀伤力将远远超过用50亿美元建造的核武器库。英国拉德福德大学教授马尔科姆·丹多在《生物技术武器与人类》一书中指出，只要用多个罐子把100千克碳疽芽胞散落在一个大

城市，会使300万居民立即感染毙命。

　　近些年来，随着高科技在军事领域的不断应用以及人类基因组计划和克隆技术研究的迅猛发展，一些国家又在生物武器的基础上，研究发展出了杀伤力更强的基因武器。人类基因图谱的绘制成功更是为基因武器的制造提供了可能性，美、俄、英、德和以色列等国纷纷加大投资，研究发展基因武器的可行性。

　　据悉，美国曾利用细胞中脱氧核糖核酸的生物催化作用，把一种病毒的DNA分离了出来，再与另一种病毒的DNA结合，拼接成一种剧毒的"热毒素"基因毒剂。只需20克，这种毒剂就可使全球60亿人口难逃厄运，威力比核弹大几十倍。在位于马里兰州的美国军事医学研究所的研究人员还在普通酿酒菌中接入了一种在非洲和中东可引起可怕裂谷热的基因，使酿酒菌可以传播裂谷热。他们所进行的研究就是过去只有在科幻小说中才会出现的基因武器。

　　还有报道说，美军已经完成具有抗四环素作用的大肠杆菌遗传基因与具有抗青霉素作用的金色葡萄球菌基因的拼接，再把拼接的分子引入大肠杆菌中，培养出具有抗上述两种杀菌素的新大肠杆菌。俄罗斯也早

就着手研究剧毒的眼镜蛇毒素基因
与流感病毒基因的拼接，试图培
育出具有眼镜蛇毒素的新流感病
毒，它能使人既出现流感症状，
又出现蛇毒中毒症状，导致患者瘫
痪和死亡。另外德国和英国也都相
继投入大量人力物力财力来进行大
规模的基因武器的研究工作。在基
因武器研究方面，以色列也不甘落
后。英国《泰晤士报》披露，为报
复伊拉克的导弹袭击，以色列军方
正在加紧研制一种专门对付阿拉伯
人，但对犹太人没有危害的基因武
器——"人种炸弹"。该计划由负
责以色列生化武器秘密研制的尼斯
提兹尤纳生物研究院承担。

　　尽管其他一些基因武器的研究
（如利用遗传工程研制威胁更大的
碳疽、天花、兔热、鼠疫和肉毒等
传统毒素的病毒菌株、在良性生物
体内复制有毒生物的基因、通过
药物诱导或其他控制手段增强士
兵作战能力，培育所谓的"超级
士兵"等）具有未来色彩，目前

马里兰州农村

马里兰州

眼镜蛇

41

尚处在研究阶段，但有能力使用并且有意使用的国家最终将掌握这些技术。美国国防部发表的《生物技术与遗传工程：新型战争病原媒介研究意义》研究报告称，任何国家"只要具备相应的大学研究机构，有相应的医药工业，有实施生物武器研制计划的政治和军事意图"，都将有能力生产经过增强的生物媒介。

◎ 基因武器的分类

基因武器有很多，这里我们主要介绍的有以下四种：

（1）微生物基因武器

微生物基因武器是生物武器库中的常见家族，包括：利用微生物基因修饰生产新的生物战剂，改造构建已知生物战剂，利用基因重组方法制备新的病毒战剂；把自然界中致病力强的基因转移，制造出致病力更强的新战剂；把耐药性基因转移，制造出耐药性更强的新战剂。

（2）毒素基因武器

自然毒素是自然生物产生的，不过人类可以通过生物技术增强其毒性，还能制成自然界所没有的毒性。更强的混种族基因武器是当前基因武器库中最具诱惑力的新成员，也是最具威力的一种。目前尚无成功报道，但其现实威胁已迫在眉睫。种族基因武器，也称"人种炸弹"，是

针对某一特定民族或种族群体的基因武器。它只对某特定人种的特定基因、特定部位有效，故对其他人种完全无害，是新式的超级制导武器。

（3）转基因食物

利用基因技术对食物进行处理，制成强化或弱化基因的食品，可诱发特定或多种疾病，降

转基因水稻

低对方的战斗力。研制转基因药物，通过药物诱导或其他控制手段既可削弱对方的战斗力，也可增强己方士兵的作战能力，培育未来的"超级士兵"。

（4）克隆武器

利用基因技术产生极具攻击性和杀伤力的"杀人蜂""食人蚁"或"血蛙""巨蛙"类新物种，再利用克隆技术复制，未来战场上出现怪兽追杀人的残酷场面将再不再是天方夜谭。

◎ 基因武器的使用

基因武器使用非常方便，可以用人工、普通火炮、军舰、飞机、气球或导弹施放，可投放于敌方前线、后方、江河湖泊、城市和交通要道。此外，基因武器难以防治，具有抗药性，只在所攻击的同类人群中有传染性，即使被发觉也很难破译遗传密码并进行有效治疗。同时，基

因武器的强大杀伤力对敌方有强烈的心理威慑作用。战时，在敌方毫无防备的情况下突然使用基因武器，既能给敌方造成大量的伤亡，也能摧毁敌人的心理防线，使之惊慌失措，士气大跌，丧失战斗力。由于这种武器不易被发现且难防难治，一些科学家对它的忧虑远远超过了当年一些核物理学家对原子弹的忧虑。

在人类基因组多样性的研究中，已经发现人种之间确实存在基因的差异。这种差异，很可能被种族主义者和恐怖主义分子所利用。他们可以根据不同种族基因组多样性特点，采用基因工程技术手段，设计、研制出针对某一种族的基因武器，从而对某一种族或国家的安全造成潜在的和巨大的威胁。

正如之前我们提到过的那样，基因武器杀伤力极强，远非普通的生物战剂所能比拟，国外有人将"基因武器"称为"世界末日武器"。基因武器的威力强大主要表现在以下几个方面：

（1）有精确的敌我分辨能力，只攻击敌方特定人种。

（2）难以防治，有抗药性，有传染性。秘密施放，难以察觉；若已

察觉，也很难破译其遗传密码并进行有效治疗。且只在所攻击的同类人种中有传染性。

（3）杀伤力大，成本低廉，运用遗传工程技术可以大量生产。

（4）对敌方有强烈的心理威慑作用。科学家认为，不能排除随着基因操作等知识的日益普及，基因技术被用于制造基因武器的可能。甚至有人预测，基因武器将在5至10年内出现。

从战略上看，基因武器将使未来战争的作战方式发生明显变化。使用者只需要在临战前将经过基因工程培养的病菌投入他国，或利用飞机、导弹等将带有致病基因的微生物投入他国交通要道或城市，让病毒自然扩散、繁殖，使敌方人畜在短时间患一种无法治疗的疾病，从而丧失战斗能力。此外，基因武器还可根据需要任意重组基因，在一些生物中移入损伤人类智力的基因。当某一特定族群的人们沾染上这种带有损伤智力基因的病菌时，就会丧失正常智力，从而影响战斗力。

从战术上看，基因武器不易被发现，将使对方防不胜防。因为经过改造的病毒和细菌基因，只有制造者才知道它的遗传"密码"，其他人很难破译，更难控制。同时，基因武器的杀伤作用过程是在秘密之中进行的，人们一般不能提前发现，更不能采取有效的防护措施。一旦感受到伤害，

为时已晚。此外，基因武器还有成本低、持续时间长、使用方法简单、施放手段多样、不破坏敌方基础设施和武器装备等特点，具有较强的心理威慑作用。

目前，至少美国、俄罗斯和以色列都有研制基因武器的计划。美国科技记者查尔斯·皮勒在《基因战争》一书中透露，一些西方国家已经制定研制基因武器的计划，以研究疫苗为名开展危险的传染病和微生物研究。正如许多高技术成果很快被应用于军事领域一样，基因工程刚一问世，一些军事大国便置1972年缔结的《禁止生物武器公约》于不顾，竞相投入大量经费和人力研究基因武器。美国已经研制出一些具有实战价值的基因武器。除了上面提到的酿酒菌的改造，美国还完成了把具有抗四环素作用的大肠肝菌遗传基因与具有抗青霉素作用的金色葡萄球菌的基因拼接，再把拼接的分子引入大肠肝菌中，培养出具有抵抗上述两种杀菌素的新大肠肝菌。俄罗斯也已利用遗传工程学方法，研制出了一种属于炭疽变素的新型毒素，可以对任何抗生素产生抗药性，目前还找

不到任何解毒剂。以色列则正在研制一种仅能杀伤阿拉伯人而对犹太人没有危害的基因武器。

 军事小百科

《禁止生物武器公约》

《禁止生物武器公约》，全称《禁止细菌（生物）及毒素武器的发展、生产及储存以及销毁这类武器的公约》。该草案于1971年9月28日由美国、英国、苏联等12个国家向第26届联大联合提出，经联大通过决议，决定推荐此公约。1972年4月10日分别在华盛顿、伦敦和莫斯科签署。1975年3月26日公约生效，各国在自愿的基础上遵守该公约。截止到2002年11月，已有146个国家批准了公约。但由于缺乏必要的核查机制，加上有一些措辞不严谨之处，公约的执行与监督困难重重。为此，公约签署国曾于1980年、1986年、1991年、1996年和2001年就该公约举行过五次审议会议。

《禁止生物武器公约》共15条，主要内容是：缔约国在任何情况下不发展、不生产、不储存、不取得除和平用途外的微生物制剂、毒素及其武器；也不协助、鼓励或引导他国取得这类制剂、毒素及其武器；缔约国在公约生效后9个月内销毁一切这类制剂、毒素及其武器；缔约国可向联合国

世界会议

安理会控诉其他国家违反该公约的行为。

《禁止生物武器公约》成员国在1994年的特别会议上决定成立特别工作组，制定一份对于成员国具有法律约束力的协议草案。但是在2001年12月的第五次审议会议因美国要求会议"明确终止"特殊工作组的使命，反对就进一步加强《公约》的措施进行谈判而被迫休会。2002年11月11日，《禁止生物武器公约》第五次审议会议在日内瓦复会。

1984年9月20日，中国决定加入该公约。台湾当局曾于1972年4月以中国名义在华盛顿签署了公约，并于1973年2月9日批准。中国在加入公约时声明台湾当局的签署和批准是非法的、无效的。1984年11月15日，中国政府分别向英、美、苏政府提交加入书，该公约于同日对中国生效。

◎ 基因武器的应对

　　美国塞莱拉基因组公司董事长克雷格·文特尔曾警告说："人类在掌握能够对自身进行重新设计的基因草图以后，也就走到了自身命运的最后边缘。现代生物技术特别是遗传工程的迅速进步，为生物武器的研制开启了方便之门，人类自身的生存面临着巨大的威胁。如何面对生物武器的挑战，已经成为各国军事防御和军事医学研究领域的新课题。

　　鉴于生物武器可能产生的巨大危害，不少国家都在抓紧研究对策。例如，美国政府和军方早在20世纪80年代就开始了对生物战剂防护措施的研究，并研制出了多种预防生物武器袭击的疫苗。1997年美国防部长科恩下令，自当年起所有美国现役及后备军人必须按规定接种生物战剂防护疫苗，并于2003年之前全部完成接种工作。1998年5月，美国总统克林顿下令加强预防生化战疫苗和抗生素的储备，以应付可能发生的生物

美军

战。2000年1月，美国国防部调整战略，提出建立防护大规模杀伤性武器的诸兵种联合计划，改进武器的联合作战能力，提高非传统作战能力和对生物战的认识，调整防护装备的研发、采购、经费投入和人员部署。另据1997年7月外电报道，英国也已组织由军事专家、遗传学家、生物学家和律师组成的专家小组，研究种族基因武器的可能性及对策。

专家认为，鉴于基因武器难以察觉的特点，只有铸造维护本国和本民族生存安全的基因盾牌，才能有效地防患于未然。为此，在基因技术的研究上要力争取得世界先进地位。

为了保护全人类的最大利益，维护和促进世界和平与发展，有效防范基因武器的潜在威胁，我们应采取以下对策：

（1）积极敦促国际社会按照1998年联合国大会批准的"关于人类基因组与人类权利的国际宣言"的精神，在全球范围内达成有关限制基因技术的使用，全面禁止基因武器研制的伦理公约和协议。

（2）尽快采取行动，认真研究本民族的基因密码，及早察明其中的特异性和易感性基因，有针对性地采用生物工程技术研制有效的生物药剂和疫苗，提高和增强民族的基因抵抗力。

（3）积极应用高新技术，研制新型探测和防护器材，做到有效识别和防护。

（4）针对敌军可能实施基因战的战法、途径和手段进行专门研究，及早制定行动预案。只有这样，在未来可能面临的基因威慑与反威慑的斗争中才不致于受制于人。

第三章

未来战争武器

WEI LAI ZHAN ZHENG WU QI

随着科技水平的提高，人类社会的进步，未来战争武器也越来越多样化、高科技化。正如军事专家预言的那样，未来战争将会实现高度信息化，军队使用的战争武器也将不再是单纯的枪、炮、导弹、激光武器等。诸如生物武器等高级武器将会越来越多，其功能也越来越强大。人类在掌握了世界的主导地位之后，世界上很多东西都被用来制作战争武器，比如天气、地理、电磁脉冲等。为了降低战争对己方伤亡度，每个国家也都在大力发展如无人机、机器人等武器，它们可以代替士兵去执行那些非常危险的任务，并且可以发挥比单个士兵更加强大的作用。可以预见的是，未来战争将是高度信息化、现代化和更加多样化的战争。在未来的战场上，我们将见到很多我们之前从未见识过的，功能更加强大的武器。但是同时我们也可以预料到，未来一旦战争爆发，人类社会也必将会遭受到空前的巨大灾难。

机器人

无人机

◎ 无人机概念简述

　　无人机又称空中机器人，是一种由无线电遥控设备或自身程序控制装置操纵的无人驾驶飞行器。无人机最初是从航模飞机发展而来的，最早出现于20世纪20年代，当时是作为训练用的靶机使用的。

　　无人机有很多优点，如：用途广泛、成本低、效费比好；无人员伤亡风险；生存能力强，机动性能好，使用方便，在现代战争中有极其重要的作用。专家们在无人机上安装了不同设备，使它能够执行侦察监视、对地攻击、子干扰和目标定位等任务。无人机在民用领域更有广阔的前景。自从1913年世界第一台自动驾驶仪问世以来，无人机的发展受到了许多国家的高度重视。目前无人机的型号已达到300多种，光是允许市场销售的无人机就有40多种。

　　海湾战争后，无人机得到了飞速发展和广泛运用。以美国为首的西

方国家充分认识到了无人机在战争中的作用，竞相把高新技术应用到无人机的研制与发展上；新翼型和轻型材料大大增加了无人机的续航时间；采用先进的信号处理与通信技术提高了无人机的图像传递速度和数字化传输速度；先进的自动驾驶仪使无人机不再需要陆基电视屏幕领航，而是按程序飞往盘旋点，改变高度和飞往下一个目标。新一代的无人机能从多种平台上发射和回收，例如从地面车辆、舰船、航空器、亚轨道飞行器和卫星进行发射和回收。地面操纵员可以通过计算机检验它的程序并根据需要改变无人机的航向。而其他一些更先进的技术装备，如高级窃听装置、穿透树叶的雷达、提供化学能力的微型分光计设备等，也将被安装到无人机上。

在越南战争、海湾战争乃至北约空袭南斯拉夫的过程中，无人机都被频繁地用于执行军事任务。无人机虽然不是战场上空执行空中任务的主力，但也已经成为不可缺少的重要组成部分。由于无人机是无人驾驶，因而可以把它送到危险的环境执行任务而无须担心人员伤亡，所以世界上各主要军事国家对无人机在军事上的使用都十分青睐。

海湾战争中的战列舰

◎ 各国在设无人机

中国型号：长空一号无人机，长空二号无人机，无侦五无人机，无侦九无人机，ASN-206无人机。

法国型号：麻雀。

德国型号：CL-289，阿拉丁，月神2000。

印度型号：航空发展局尼桑特 (遥控飞行器)，印度斯坦航空工业公司拉克什亚，搜索者MkII（和以色列合作），印度斯坦航空工业公司苍鹭（和以色列合作）。

以色列型号：以色列航空工业公司的先锋（和美国合作），猎人RQ-5无人机（和美国合作），哈比，苍鹭，别动队，侦察兵，搜索者，陨石-发射筒发射的微无人机系统。

约旦型号：约旦隼，I-wing，约旦箭，静眼。

巴基斯坦型号：航向。

南非型号：肯特容公司搜索者，高级技术和工程公司秃鹫，丹尼尔公司短尾鹰。

英国型号：墨卡托，不死鸟，守望者。

美国型号：RQ-1捕食者/RQ-1水手，RQ-2先锋（与以色列航空工业公司合作），RQ-3暗星，RQ-4 RQ-4全球鹰/欧洲之鹰，RQ-5猎人（与以色列航空工业公司合作），RQ-6前驱，RQ-7影子，RQ-11A大乌鸦，GNAT-750，扫描鹰，龙眼，BQM-74E石鸡。

美国国家航空航天局曾经赞助研究的以太阳能为动力的无人机被称为太阳神。太阳神无人机2001年的飞行高度曾达到约30千米，并于2003年6月26日在太平洋上空分解并爆炸。

美军"捕食者"无人侦查攻击机

美国RQ-7"影子"无人侦察机

RQ-4全球鹰无人机

巡航导弹

◎ 巡航导弹的介绍

　　巡航导弹是导弹的一种，是主要以巡航状态在稠密大气层内飞行的导弹，旧称飞航式导弹。而巡航导弹的巡航状态指的是导弹在火箭助推器加速后，主发动机的推力与阻力平衡，弹翼的升力与重力平衡，以近于恒速、等高度飞行的状态。在这种状态下，单位航程的耗油量最少。其飞行弹道通常由起飞爬升段、巡航（水平飞行）段和俯冲段组成。

　　巡航导弹按照不同标准可分为很多类型，如：按作战使用可分为战略巡航导弹和战术巡航导弹；按平台不同可分为陆基车载、机载、舰（潜）载巡航导弹；按射程分为近、中、远程巡航导弹；按飞行速度分为亚音速、超音速、高超音速（在研）巡航导弹；按RCS分为隐形与非隐形巡航导弹。

　　巡航导弹主要由弹体、推进系统、制导系统和战斗部组成。其弹体外型与飞机相似，包括壳体、弹翼和稳定面、操纵面等，通常用铝合金

或复合材料制成；弹翼包括主翼和尾翼，有固定式和折叠式。为使导弹便于贮存和发射，通常采用折叠式弹翼，即在导弹发射前呈折叠或收入状态，发射后，主翼和尾翼相继展开。

推进系统包括助推器和主发动机。助推器通常采用固体或液体火箭发动机。主发动机通常采用涡轮喷气发动机、小型涡轮风扇发动机，有的也采用冲压喷气发动机。战略巡航导弹多采用推重比和比冲高的小型涡轮风扇发动机，而战术巡航导弹多采用涡轮喷气发动机和冲压喷气发动机。

制导系统常采用惯性、星光、遥控、寻的、图像匹配等制导方式，并多以其中两种或两种以上方式组成复合制导。攻击固定目标的巡航导弹通常采用惯性-地形匹配制导；攻击活动目标的巡航导弹多采用惯性-寻的制导。

战斗部有常规战斗部，也有核战斗部，通常安装在导弹的前段或中段。战略巡航导弹多携带威力大的核战斗部；战术巡航导弹则多携带常规战斗部，也可携带核战斗部。

◎ 巡航导弹的特点

正如所有事物都有两面性一样，巡航导弹也有优点和缺点。优点有：（1）射程远，防区外发射，有效地减少了自身的伤亡；（2）目标特性不明显，突防能力强。

在发射段，虽然巡航导弹发射时有一定的尾焰红外辐射，但由于它处于低空且时间很短，敌人很难进行发射段探测。而在巡航段时，它以亚音速飞行，气动加热不严重，因此红外辐射特性也不明显。并且通过特殊赋型材料、涂吸材料等技术使其RCS值和红外信号特征降低，使其具有了一定的隐身能力，减少了被敌方发现的概率，增加了突防能力。另外，它还实行飞行高度控制，可以利用地形地物进行隐蔽飞行，因而很难实施巡航段拦截；（3）命中精度高，毁伤效果好。由于巡航导弹通常采用的是惯导、地形匹配制导、GPS制导和景象匹配制导等组合制导方式，命中精度可达10～30米，因而可以有选择地攻击高价值的目标；（4）飞行速度慢。巡航导弹以亚音速飞行，假设到末段10千米的时候才发现巡航导弹，那么实施末段拦截也得要三四十秒的时间；（5）成本低，便于大量装备。巡航导弹的造价仅为弹道导弹造价的25%～50%，比歼击机还便宜，这样可凭借其低费用实施大量装备。

但是目前的巡航导弹也存在明显的缺陷，比如：（1）飞行速度慢，

中国新型国产巡航导弹发射

前苏联Kh-55巡航导弹

飞行高度低，易遭拦截；（2）其弹道呈直线形，航线由程序设定，无机动自由，更换攻击目标的能力很差，在目标区域巡航导弹无垂直机动，简单方法即可有效同其对抗；（3）抗干扰能力弱。如伊拉克战争中，美军的巡航导弹装备的GPS多次受到干扰，导致了多次误伤事故。巡航导弹携带的测高仪也会受到干扰，巡航导弹系统本身会由于地形、季节、天气变化和输入信息的老化而迷航；（4）巡航导弹上的计算机内输入的地貌数据信息都是从空间获得并经处理后的地貌照片，精度不高，难于保障导弹对小丘陵等的绕障飞行；（5）射前准备时间较长。

◎ 巡航导弹的发展

　　巡航导弹在海湾战争及其后的几次实战应用中表现出了精确的打击能力、巨大的破坏威力和为后续战役战术顺利展开起到了开路的作用，这些都是其他任何武器无法与之相比拟的。因此，世界各国在通过各种途径努力拥有这种武器的同时，都在不断加强对这种武器的防御对策研究，即加强对反巡航导弹的软硬件的建设。可以预见，未来的巡航导弹将向如下几个方面发展：

（1）重点发展非核战略巡航导弹

目前美俄等军事强国均已中止了新型核战略巡航导弹的研制，并冻结了对现有型号的继续生产，而把射程大于500千米、运载400到500千克常规弹头、命中精度CEP≤10米的常规巡航导弹看成是满足区域战略要求、实现威慑力量常规化的一条有效技术途径。因此，这种常规巡航导弹已成为世纪交接之际各国共同发展的重点。

（2）提高巡航速度

目前的巡航导弹均是亚音速巡航，不适合打击快速反应的目标，且极易被拦截。有个最明显的例子，参战多次的战斧巡航导弹，每次均有被击落的记录。针对这一问题，美俄正在探索发展超音速和高超音速巡航导弹。如美国海军正在发展要求巡航速度为4马赫的

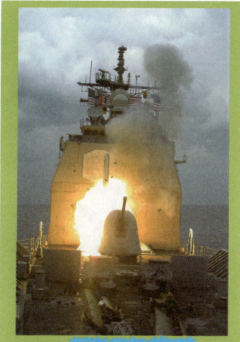

美海军"战斧"巡航导弹

快鹰巡航导弹，美国空军正在探索研究一种8马赫的高超音速巡航导弹。

（3）提高隐身能力和突防性能

为了使敌防御系统难以跟踪和探测，未来的巡航导弹将采用隐身复合材料、红外、声学、特殊的气动外型等技术措施来提高隐身性能。目前的AGM-129先进巡航导弹的雷达反射截面已降至0.01平方米，并采用抗干扰的GPS导航、卫星数据链等技术来改进制导体制，进一步提高命中精度。

现在的巡航导弹还存在命中精度不高的缺点，如在战争中，美国的战斧有不同程度的脱靶现象，甚至欲打"东"结果却打"西"。在1998年8月袭击阿富汗的境内目标时，有一枚导弹竟然飞到了巴基斯坦境内；在"沙漠之狐"行动中有一枚飞到了伊朗；而在"盟军行动"中有数枚飞到了邻国。这些都说明战斧的制导系统本身还存在着一定的问题，必须对制导体制进行改进，美国已对于1993年服役的战斧BLOCK-3型应用了GPS技术。未来的巡航导弹的制导将采用惯导+GPS+红外成像或激光雷达或合成孔径雷达或毫米波寻的技术等，它与先进的制导软件配合，将进一步提高命中精度。

（4）使用飞行任务规划技术，并进一步缩短其时间

飞行任务规划技术是指在作战前，通过综合导弹发射点、目标和各种约束条件，为巡航导弹设计出一条能准确打击预定目标的、可实现的满意航线。目前的巡航导弹已使用该项技术，但存在着耗时较长的缺点。如海湾战争时完成一次飞行任务规划时间大约22小时，而采用了GPS+惯性一

在海湾战争中风头出尽的A-10攻击机

海湾战争中的战列舰骑鲸蹈海

体化后，完成一次任务规划只需1小时50分钟，大大缩短了发射前的准备时间，提高了作战效率。未来的巡航导弹还将进一步将这一时间缩短到几分钟内。

（5）提高多目标的选择能力

目前的巡航导弹多目标选择能力较差，针对这一点，未来的巡航

巡航导弹

导弹将选用不同的弹头，配合相应的控制系统，一次可攻击多个高价值目标。

（6）采用新式动力装置和燃料，进一步提高射程

未来的巡航导弹还将采用新式桨扇、复合循环涡扇发动机和能量更高的碳浆状和硼浆状燃料，以达到大幅度提高射程的目的。

（7）通过人工方法，对导弹实施控制，使其锁定目标

这一发展方向也是提高命中点目标精度的一种方法，即在作战中，通过将导弹在飞行途中摄取到的目标区信息传送到发射平台，由有关人员确定所要攻击的点目标，然后将有关命令传送至导弹的相应系统，使其锁定此目标，最后实施精确攻击。

 军事小百科

"沙漠之狐"行动

"沙漠之狐"行动是美、英两国，于当地时间1998年12月17日凌晨1时到1998年12月20日凌晨4时50分，针对伊拉克而发动的一场大规模的空

B-1B轰炸机

EA-6B电子战机

袭行动。空袭理由是当时的伊拉克总统萨达姆违反联合国安理会687号决议，不与联合国武器核查人员合作，导致联合国特委会主席巴特勒向联合国报告核查无法进行。另外由于当时美国众议院在弹劾问题上对美国总统克林顿穷追猛打，克林顿为了转移国民的视线而惩罚萨达姆，未经联合国安理会批准就联合英国对伊拉克突然发动空袭。

空袭主要以美海军军舰发射"战斧"巡航导弹和美英空军投掷的精确制导武器为主。空袭行动由美国中央军区司令部的安东尼·津尼将军指挥，共出动包括美空军B-1B轰炸机、美海军EA-6B电子战机、F-14战斗机和F/A-18战斗攻击机，英国空军"狂风"战斗机在内的650架次飞机。4轮空袭共发射巡航导弹共425枚，投掷炸弹600枚。空袭目标除伊拉克导弹的研究与生产设施及与导弹研制有关的经济目标外，还包括共和国卫队的兵营、总统府，电台、电视发射台和油田等近100个目标。伊拉克政府事后声称一些住宅区及一所妇产医院也遭到轰炸，造成62名伊拉克士兵死亡，180人受伤，约500名平民伤亡。

这次空袭对伊拉克军事有生力量造成的打击是微不足道的。而伊拉

刀光剑影下的文明

F-14战斗机

克政府在空袭后，正式中止了联合国对其的武器核查计划，指责联合国特委会主席巴特勒"不公正"和是"美帝国主义操纵的傀儡"，要求立即解除对伊拉克的经济制裁。空袭更激化了美国与伊斯兰世界的矛盾，有激进的伊斯兰武装再次计划准备对美英的目标进行袭击。其他国家也纷纷指责美国未经联合国安理会批准就对一个主权国家发动攻击，开创了"危险的先例"。美国一时间在国际社会中陷入被动。在此之后，因为种种原因，各国纷纷加入，"沙漠之狐"行动正式升级为"沙漠风暴"行动。

地质武器

通常人们都认为世界上威力最大的是核武器，实际上并不完全正确。世界上威力最大的其实是地质武器。所谓地质武器，得名于冷战时期战略核力量处于劣势的苏联采取的一个威慑战略。当时，苏联由于缺乏战略核武器投送工具，遂计划一旦美国对苏联发动全面核打击，即用刚研制出的战略轰炸机将一枚超大弹量的核武器扔入太平洋版块和美洲版块交界处的深海沟中，利用地质结构的强大力量掀翻半个美国。正如《世界末日》和《日本沉没》两部电影中所表现的那样，地质武器就是可以达到那个效果，甚至更强大。

地质武器其实是一种依靠特殊的地质结构和大威力撼动工具的联合而存在的武器。在地质稳固的地区，不存在使用地质武器的可能。例如中国在罗布泊搞核试验，就没引发地质灾害，而印度搞一次，就引发了强烈的地震，那次地震甚至影响到了中国。

《日本沉没》中文版电影海报

地震废墟

◎ 地质武器的优劣

和巡航导弹一样，地质武器也拥有自己的优势和缺陷。地质武器的

唐山大地震后的废墟

优势在于：

（1）无与伦比的杀伤性。地质武器一旦成功使用，其毁灭性的杀伤力绝对可以用"可怕"来形容。比如，唐山的那场地震如果发生在像首都一样的大城市，后果将不堪设想。再如世界的城市人口大多分布于沿海地带，如果在海底引发一场足够大的地震的话，一场人造海啸就造成了，造成的后果肯定也是非常严重的。

（2）造成的伤害永不可恢复。如果真是因为引发了一场大地震而导致一座小岛沉没，那么以后就永远不会再出现这座小岛了，谁也无法把它恢复过来。

（3）隐蔽性和不可预知性。一切发生在地下的攻击都很隐蔽，只有攻击结束才会显现。没有人能预知任何人为的地下攻击，除非情报人员本事够大，能够提前弄到情报。

（4）无法防御。地质武器可能是采用一种特殊的波动来影响地层，该波的传播速度快，一般还没等人明白过来攻击就已经完成了。再说攻击本身是一种波，任何先进的防御武器均无力防御，一旦攻击，就能直接命中目标。

同样，地质武器也存在着弱点或缺陷，比如：

（1）攻击时需要极大的能量，且补充能量时间长。

（2）体积庞大，灵活性非常差。

（3）攻击后易被捕捉到本身位置。因为地震波源可以被追踪到，而该武器就是发出类似地震波的波，因此攻击就很容易会暴露自己的位置。

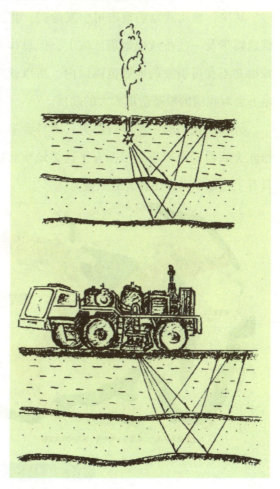

人工地震波

◎ 地质武器对中国的威胁

　　总的来说，地质武器对我国产生的威胁比较小，原因在于：首先，我国是土地面积较大的国家，无论是陆地面积还是海洋岛屿。我国领土以陆地为主，海岛主要是代表我国海洋资源及领海。因此就算海岛被攻击也不会对我国造成毁灭性打击，相反可能会给我们提供机会，因为海岛对我国来说它所具有的政治意义和民族利益较大。

　　其次，地质武器的攻击可引发地震，我国虽有很多领土处于喜马拉雅地震带及一些小规模地震区域上，但总体来说我国各主要工业和经济城市并不在可引发的地震范围以内。所以就算我国遭到此类武器攻击，也不会对我国的根基造成太大的动摇。

　　另外，我国的一些敌对势力，本身大多为岛国，因此他们都非常害怕此类武器。而如果我国拥有了这类地质武器，那么对其他国家来讲就具有了比原子弹等还要大的威慑力。

喜马拉雅地震带图

机器人部队

◎机器人概述

　　机器人是自动执行工作的机器装置，它既可以接受人类指挥，又可以运行预先编排的程序，还可以根据以人工智能技术制定的原则纲领行动。现在国际上对机器人的概念已经逐渐趋近一致，即机器人是靠自身动力和控制能力来实现各种功能的一种机器。联合国标准化组织采纳了美国机器人协会给机器人下的定义："一种可编程和多功能的，用来搬运材料、零件、工具的操作机；或是为了执行不同的任务而具有可改变和可编程动作的专门系统。"

　　机器人的任务是协助或取代人类工作，例如生产业、建筑业，或是危险的工作。它可以说是高级整合控制论、机械电子、计算机、材料和仿生学的产物。目前在工业、医学、农业甚至军事等领域中均有重要用途。机器人能力的评价标准包括：（1）智能，指的是感觉和感知，包括记忆、运算、

机器人

比较、鉴别、判断、决策、学习和逻辑推理等；（2）机能，指的是变通性、通用性或空间占有性等；（3）物理能，指力、速度、连续运行能力、可靠性、联用性、寿命等。因此，可以说机器人是具有生物功能的空间三维坐标机器。

◎ 军用机器人

地面军用机器人指的是在地面上使用的机器人系统，它们不仅可以在和平时期帮助民警排除炸弹、完成保安任务，还可以在战斗时替士兵执行扫雷、侦察和攻击等各种任务。时至今日，美、英、德、法、日等

中国制造的扫雷机器人

美国军用运输机器人"大狗"

英国研制的"魔爪"军用机器人

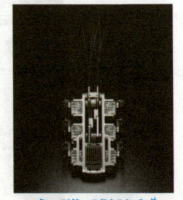

日本研发的"蟑螂"机器人

国均已研制出了多种型号的地面军用机器人。

除了恐怖分子安放的炸弹外，在世界上许多战乱国家中到处都散布着未爆炸的各种弹药。例如，海湾战争后的科威特，就像一座随时可能爆炸的弹药库。在伊科边境一万多平方千米的地区内，有16个国家制造的25万颗地雷，85万发炮弹，以及多国部队投下的布雷弹及子母弹的2500万颗子弹，其中至少有20%没有爆炸。而且直到现在，在许多国家甚至还残留有一次大战和二次大战中未爆炸的炸弹和地雷。因此，爆炸物处理机器人的需求量还是很大的。

排除爆炸物机器人有轮式的及履带式的，它们一般体积不大，转向灵活，便于在狭窄的地方工作，操作人员可以在几百米到几千米以外，

排除爆炸物机器人

机器人车上的CCD摄像机

英国"手推车"机器人

英国"超级手推车"机器人

通过无线电或光缆控制其活动。机器人车上一般装有多台彩色CCD摄像机用来对爆炸物进行观察；有一个多自由度机械手，用它的手爪或夹钳可将爆炸物的引信或雷管拧下来，并把爆炸物运走；车上还装有猎枪，利用激光指示器瞄准后，它可把爆炸物的定时装置及引爆装置击毁；有的机器人还装有高压水枪，可以切割爆炸物。

在西方国家中，恐怖活动始终是个令当局头疼的问题。英国由于民族矛盾，一直饱受爆炸物的威胁，因而早在20世纪60年代就研制成功了排爆机器人。英国研制的履带式"手推车"和"超级手推车"

排爆机器人,已向世界50多个国家的军警机构出售了800台以上。英国后来又将手推车机器人加以优化,研制出"土拨鼠"及"野牛"两种遥控电动排爆机器人,英国皇家工程兵在波黑及科索沃都用它们探测及处理爆炸物。"土拨鼠"重35千克,在桅杆上装有两台摄像机;野牛重210千克,可携带100千克负载。两者均采用无线电控制系统,遥控距离约1千米。

法国的空军、陆军和警察署都购买了Cybernetics公司研制的TRS200中型排爆机器人;巴黎机场管理局也选中了DM公司研制的RM35机器人;德国驻波黑的维和部队则装备了Telerob公司的MV4系列机器人;美国Remotec公司的Andros系列机器人受到了各国军警部门的欢迎,美国白宫及国会大厦的警察

TF S200中型排爆机器人

RM35机器人

Andros遥控机器人在做排爆演示

局也购买了这种机器人；而在南非总统选举之前，该国警方购买了四台AndrosVIA型机器人，它们在选举过程中总共执行了100多次任务。Andros机器人可用于处理小型随机爆炸物，它是美国空军客机及客车上使用的唯一机器人。海湾战争后，美国海军还曾将这种机器人用于清理沙特阿拉伯和科威特的空军基地的地雷及未爆炸的弹药。美国空军还派出了5台Andros机器人前往科索沃，用于该地区的爆炸物及炮弹的清理工作。空军每个现役排爆小队及航空救援中心都装备有一台Andros VI。

人类不仅可以使用排爆机器人来排除炸弹，还可利用它的侦察传感器来监视犯罪分子的活动。监视人员可以在远处对犯罪分子进行昼夜观察，监听他们的谈话，这样既可以保护自己又可以对敌方情况了如指掌。典型的案例是1993年初在美国发生的韦科庄园教案。为了弄清教徒们的活动，联邦调查局使用了两种机器人：一种是Remotec公司的AndrosVA型和Andros MarkVIA型机器人，另一种是RST公司研制的STV机器人。

其中，STV是一辆6轮遥控车，采用的是无线电及光缆通信。车上有一个可升高到4.5米的支架，上面装有彩色立体摄像机、昼用瞄准具、微光夜视瞄具、双耳音频探测器、化学探测器、卫星定位系统、目标跟踪用的前视红外传感器等。该车仅需一名操作人员，遥控距离达10千米。在这次行动中，联邦调查局共出动了3台STV，由操作人员遥控机器人行驶到距庄园548米的地方停下来，升起车上的支架，利用摄像机和红外探测器向窗内窥探。而联邦调查局的官员们只需围着荧光屏观察传感器发回的图像，就可以把屋里的活动看得一清二楚。

◎ 机器人部队

有专家认为，由于机器人的成本仅是士兵的1/10，因此不久的将来也许就会出现由机器人代替人类厮杀疆场的场景。目前世界各国都已经在不知不觉中开始了机器人军备竞赛。而研制出能够决定在什么时候、以及向谁动用致命武力的智能机器人，也许已经不远了。当前，世界上一些国家正在组建机器人部队。一些军队的机器人已开始执行侦

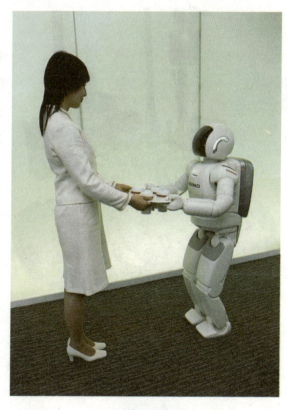

智能机器人

察和监视任务，替代士兵站岗放哨、排雷除爆等。

（1）美军机器人部队

美国一向是科技水平最发达的国家，其在机器人方面的研究也一直走在世界的前列。从2004年到2007年短短的三年间，美军的地面机器人已经从163个增长到5000个了，并且有至少十款智能战争机器人在伊拉克和阿富汗"服役"。被派遣到阿富汗的智能机器人"赫耳墨斯"主要被用于执行探穴钻洞等任务，它的身上安装有两个照相机。在操作员的控制下，"赫耳墨斯"能爬进漆黑的洞穴，绕过一些大石头，并不断向外发送拍摄的图片。

机器人"剑"在伊拉克战场上更是神通广大，它能够轻易通过楼梯、岩石堆和铁丝网，在雪地及河水中也行走自如；它备弹200发，装备有一挺经过改造的M249型机枪，射速高达1000发/分钟，火力强度足以与一挺压制重机枪媲美。"剑"还装有4台摄像机和夜视瞄准具，能够使用步枪、手榴弹与火箭发射器，

"剑"式机器人

命中精度极高，防护力和生存力也比较强，足以在战斗中为美军士兵提供全天候的近距离火力支援。

而"背包"机器人则
能在巷战环境中捕捉、分
辨反美武装狙击手的细微
动静；"嗅弹"机器人能
灵敏地嗅出伪装起来的爆
炸物；名为"仿生苍蝇"
的机器人则可做一些复杂
的手术……

看到了机器人所具有
的强大优势，五角大楼的
决策者们开始认同，智能
战争机器人将成为美军未

"背包"机器人

来的主要战斗力。为此美国政府投入了美国历史上最大的单笔军备研究
费1270亿美元，用于研制大量无人战斗机械，以完成未来战场上士兵必
须完成的一切战斗任务，包括进攻、防护、寻找目标。听起来很复杂，

无人驾驶侦察机

但这个计划的创意其实很简单：未来战场上，一个机器人士兵发现目标，然后向指挥所汇报，之后由另外一个机器人士兵（或导弹）摧毁目标。

据悉，美军未来一个旅级作战单元将至少包括151个机器人战士。为了验证这支智能战争机器人队伍的作战能力，2007年美国陆军第29步兵团举行了一场"机器人战争演习"：整支机器人作战兵团由18种执行不同任务的机器人组成，每名机器人与战场上各种陆、空作战平台及传感器连接在一起。战斗打响后，地面机器人充当先锋，当隐藏着的敌人攻击它时，空中的无人驾驶侦察机发现

演习中"剑"式战斗机器人开火

敌军位置后立即通知巡航中的无人驾驶智能战斗机，然后智能战斗机发射导弹，命中目标。所有战术行动都由智能战争机器人自行完成。据估算，这支机器人作战部队将使战斗时间缩短为现在的一半，而美军士兵

伤亡率则会降低60%～80%。

（2）韩军机器人

韩国产警戒战斗机器人——"宙斯盾"

由韩国自行研制的智能型警戒战斗机器人"宙斯盾"装配有探测和监控镜头，以及韩国国产K-2冲锋枪，可以代替哨兵24小时执行警戒任务。在夜间，它可以探测到两千米之内的运动物体，并且通过屏幕传至监控室。监控室配备有控制机器人射击的操作系统，探测锁定渗透进来的敌人后，警戒战斗机器人通过内置电脑，自动测算出射击距离等数据，然后进行射击，命中率接近100%。"宙斯盾"的弹夹装有100发子弹，可以连续射击。

"犬马"机器人

韩国国防部和信息通讯部正在为陆军研制了名为"犬马"的机器人。"犬马"能在敌阵中冲锋陷阵，在野外和危险地形，通过"犬马"机器人配备的无线网络可进行监视侦察、探索危险品等行动。同时还在研制"轻战斗机器人"，它配备有火箭炮和机关枪等，可以攀爬建筑物的阶梯，快速移动到敌军眼前，能够一眼得知敌军的位置和武装程度，甚至可以将手榴弹大小的"投掷型监视机器人"抛到韩军预测的敌军位置。"投掷型监视机器人"落地后，可将获取的周围情报传输到韩军士兵手腕上的手表型计算机中。

韩国计划在2020年前裁军18万，所以几年前就开始了打造机器人军团的计划，预计到2020年韩军的战斗力会增强2～4倍。韩军方计划，到2011年部署大约250部战斗机器人，守卫在韩朝边境线上。按照韩媒的说法，韩国将会开创一个辉煌的机器人武器时代。

（3）俄国机器人

俄罗斯总统普京2007年7月6日在与网民聊天时透露，当时俄军正在研制巨型机器人，用于俄罗斯的国防和军队建设。俄2007年已成功研制

出"越野车–M3"排弹机器人，它能寻找、发现和远距离消除爆炸装置。在圣彼得堡举行的"八国峰会"期间，俄已首次使用。据悉，俄机器人保镖也已出现在重要会议中。而俄罗斯研制的第一个机器人警察，也已于2007年6月7日开始正式上岗执勤，在彼尔姆市街头巡逻。它体重250千克，身高180厘米，形状像炸弹又像鸡蛋，配备有5台照相机和供路人使用的求助按钮。它还会发出一些简单的指令，例如劝诫人们不要在街上酗酒滋事等。

在"INTERPOLITEX–2009"

用于控制MRK–27–BT机器人的操作平台

配备多种武器的MRK–27–BT机器人

俄罗斯国际警察与防务技术展上，俄方参展企业展出了一款被称为"MRK–27–BT"的履带式军用战斗机器人，引起了参观者的浓厚兴趣。据研制人员介绍，"MRK–27–BT"主要用于执行那些可能会对普通士兵的生命构成严重威胁的作战任务，可在战时对敌人发动出其不意的攻击。据悉，"MRK–27–BT"装备的主要武器包括有两部"大黄蜂"火焰喷射器，两具榴弹发射器，一挺"佩彻涅格"

刀光剑影下的文明

机枪，六具烟雾弹发射器和100发子弹。强大的火力配备使得"MRK-27-BT"能够摧毁多种目标，如处于开阔地点或掩体中的敌有生力量、永久火力点、建筑物以及装甲车辆等。除了火力强大的武器外，该机器人还配备有一台摄像机，用于帮助操作人员瞄准目标。该机器人的重量为180千克，最大行进速度为0.7米/秒，其配备的蓄电池足以保障连续四个小时不间断运行。"MRK-27-BT"可由操作人员在200～500米外进行遥控操纵。

据称，"MRK-27-BT"机器人上装备的所有武器均未经过任何特殊改装，士兵可以直接从机器人上取下武器使用或是将自己的武器提供给机器人。其性能在世界同类产品中具有一系列优势，同美国在阿富汗和伊拉克战争中使用的"SWORDS"机器人相比，"MRK-27-BT"的行进更为稳定，底盘的抓地力更强。此外，世界其他国家的同类产品在射击时的后坐力比较强，而"MRK-27-BT"的则相对较小。"MRK-27-BT"搭载的作战平台还可以向各个方向转动，真正实现"指哪打哪"。

"SWORDS"机器人

（4）英军机器人

英国的防暴机器人、水下机器人早已活跃在各条战线。在一次英军的军事演习中展示了一种机器人"鹰爪"，它为毛毛虫形状，有爪钩，

"鹰爪"机器人

"剑客"机器人

可以附着在垂直的墙面上，前端有一摄像头，可将画面传回士兵手中的四色屏幕上；士兵可通过遥控，让它冲入敌方阵地，然后引爆它身上附带的炸药，从而炸开障碍物，为进攻开辟道路。"鹰爪"重约45千克，最高行进速度为4千米/小时，可以穿过房门或绕过墙壁，在城市地区，最长遥控距离为800米，而在旷野地区，遥控距离则可达1.6千米。

另一种型号的机器战士名叫"剑客"，是在破门机器人的底盘上安装机关枪、榴弹炮发射台或者反坦克火箭等设备而成的。在敌人炮火凶猛时，可派出"剑客"到达射程范围之内，遥控它对敌人开火。

刀光剑影下的文明

　　该次军事演习的机器人武器中还有一个名叫"神奇眼球"的摄像机。这是一个具有高解析度的摄像机，装在一个厚厚的橡胶球和聚亚安酯壳里面，相当于乒乓球大小，从两层楼高掉下也不会摔坏。神奇的是，只要将它扔到敌人中间，它就可以不断弹跳，将敌方的情况现场拍摄下来，并传送到最远可达200米外的己方手控监视器上。

　　英军还在研制一种被称为"闪电"的机器人。它利用装甲车改装而成，车上装有电视摄像机、自动导航仪、激光测距机和控制机构。控制中心装有高速计算机、显示装置和各种功能装置，可从7000米外通过光缆或数字通信系统指挥机器人的一切行动。

　　（5）日军机器人

　　素有"机器人王国"之称的日本的机器人产量及应用都一直位居世界前列。知名大公司如日立、索尼等也都在从事机器人的研发和制造，民间也有很多人投巨资，参与机器人的设计开发。

　　日本每年还会举办机器人格斗大赛，比如，有一年获得冠军的"神秘火焰"机器人，身高40厘米，重2.9千克，全身拥有23轴自由度，外形与动漫世界中描绘的攻防机器人如出一辙，可完成相当复杂的搏击连续动作。

"神秘火焰"机器人

　　目前虽然参加日本的机器人格斗大赛的多是一些智能服务机器人、

护理机器人、清洁机器人以及自动驾驶机器人等，但是只要技术成熟，相信它们都可以很方便地转为军用机器人，并投入生产。在日本防卫厅公布的《关于实施研究开发的指针》中，机器人技术早就被划入日本重点发展的新军事技术之列。

（6）德军机器人

其实，德国是世界上最先使用机器人士兵的国家，二战期间，德国就曾用机器人代替工兵执行扫雷和爆破等危险任务。那时德国的遥控战斗车辆实质上就是机器人装备，期间德国共制造了数千辆遥控战斗车辆，开辟了使用机器人士兵的先河。

德国国防军2007年10月举行了一场欧洲地面机器人大赛，来自9个欧洲国家的33家公司和14个科研所，向德国防军展示了机器人的最新

士兵扫雷

德国扫雷车

技术。这次大赛展出的机器人种类多样，从老鼠大小到一辆小汽车大小不等，有的采用履带，有的则用轮子行进。德陆军称希望以此为德军研制未来地面机器人士兵做准备。

目前，德国防军正在开发一种扫雷机器人，它采用"豹"主战坦克的底盘，可用来清除地表的植被，割断地雷的引爆索，挖出及摧毁埋在地下的弹药。该机器人在6小时内的扫雷面积，相当于30个有经验的士兵同期内扫雷面积的15～20倍。

气象武器

气象武器是指运用现代科技手段，人为地制造地震、海啸、暴雨、山洪、雪崩、热高温、气雾等自然灾害，改造战场环境，以实现军事目的的一系列武器的总称。随着世界气象科学的飞速发展，利用人造自然灾害的"地球物理环境"武器技术已经得到了很大提高，必将在未来战争中发挥巨大的作用。变天气为武器，让"雷公""电母"下凡参战，已不再是异想天开的事情。

从古至今，无论作战样式如何变化，武器装备如何发展，战争总要受到气象条件的制约。从诸葛亮借东风火烧曹营开始，人类历史上利用气象条件在战争中打击敌人保护自己的例子层出不穷。而随着科学技术的高速发展，气象条件对于战争的影响也是越来越显著。在现代化作战中，气象环境可以直接或间接影响军事行动。事实证明，越是尖端、敏感度极高的武器装备系统，越容易受到各种环境因素的制约。如伊拉克

伊拉克沙尘暴

战争期间，沙尘暴使上百架美军武装直升机不得不提前返航，事后调查发现仅有7架可以继续作战。

对那些精确制导武器来说，气象环境也是致命杀手，如强激光通过1千米厚的沙尘大气，其能量将减弱90%以上，在有雨的情况下，激光传输5千米后，能量仅剩1.8%。一台作用距离为800米的主动红外夜视仪在星光条件下作用距离可达600米，而在乌云密布、多雾、星光暗淡的条件下，其作用距离就降为10米了，几乎起不了任何作用了。

气象条件是把双刃剑，对作战双方来说都是公平的，关键是看谁能驾御它。如能合理地利用气象条件将会极大增强战斗力。目前，越来越多的国家正在研制未来可能会应用于实战的气象武器。因此，夺取"制气象权"，开发"气象武器"，已经成为众多军事强国试图控制战争进程的重要法宝之一。

气象武器的优劣

同任何冷兵器、热兵器都不一样，气象武器不是用钢铁、炸药在工

雷 电

厂中制造出来的，而是通过施放某些化学战剂或吸收特殊物质使大气层中的气体、光、热产生骤变，从而造成利于己方而不利于对方的天气变化。这种武器使用方便、作用范围广，只要运用得当，不需要消耗己方大量的作战物资，却能有效抑制敌方传统武器效能的发挥，极为经济实惠。

但是气象武器也有其先天的不足之处：它虽然效能极高，却很难运用自如、不能甄别攻击对象。如果把握不当反会弄巧成拙，导致所有参战人员和平民都大受影响。

◎ 气象武器的开发

开发气象武器会涉及到许多的技术，具体来说有六大项：一是洪水技术。即通过飞行器向敌方上空的云层中施放硝酸银颗粒，使云层中的水蒸气形成大雨，从而造成特大洪

风沙满天遮云蔽日

水；二是严寒技术。在敌方距离地面17千米左右的高空爆炸装有甲烷或二氧化碳气体，造成"遮云蔽日"，让敌方阵地的广大地区一片黑暗，

温度下降到与史前冰川时代类似，使敌方人员或死或伤，武器装备遭
到破坏；三是巨热风暴技术。在沙漠地区使用激光将空气加热，形成
龙卷风和沙漠风暴，将敌方的人员或设备卷走；四是水柱技术。即在
海底30米深处投放威力巨大的炸弹，形成海底地震，造成海啸，掀
翻敌方水面舰艇，冲垮海岸上的阵地或人员装备；五是浓云技术。利
用微波技术，在自己阵地上制造乌云降雾或消雾，使敌方飞机无法进
入或失去攻击目标的准确位置；六是"毛毛雨"技术。也是利用微波
技术使敌方阵地下起毛毛雨，雨滴虽小，但密度极大，形成一个"雨
帘"，使敌方雷达找不到目标。

◎ 气象武器的分类

根据气象变化的不同，可以把气象武器分为几种：

（1）温压炸弹

温压炸弹是美国国防部降低防务威胁局在2002年10月组织海军、空
军、能源部和工业界专家，利用两个月时间突击研制的，后成功应用于

温压炸弹爆炸前后场景图

刀光剑影下的文明

阿富汗战场。温压炸弹爆炸时能产生持续的高温、高压，并大量消耗目标周围空气中的氧，用它来打击洞穴和坑道目标效果尤为显著。除用温压炸弹打击洞穴、坑道和掩体等狭窄空间目标外，美国海军陆战队还计划利用便携式温压炸弹打击城市设施，如建筑物和沟道等。

美国海军陆战队

（2）制寒武器

美军曾在某一地区距地面17千米的高空试验引爆过一颗甲烷或二氧化碳炮弹等制寒武器。炮弹爆炸后的碎片遮蔽了太阳，天气骤然变得异常寒冷，将这一地区热带丛林中的敌人活活冻死。

（3）高温武器

高温武器的原理是通过发射激光炮弹，使沙漠升温，空气上升，产生人造旋风，使敌人坦克在沙暴中无法行驶，最终不战而败。其钢制弹壳内装有易燃易爆的化学燃料，采用高分子聚合物粒状粉末以便提高武器系统的威力和安全性。爆炸发生时还会产生超压、高温等综合杀伤和破坏效应。这种炮弹既可用歼击机、直升机、火箭炮、大口径身管

激光制导炮弹

歼击机

炮、近程导弹等投射以打击战役战术目标，又可用中远程弹道导弹、巡航导弹、远程作战飞机投射以打击战略目标。

（4）热压气雾武器

热压气雾武器是英军研制的一种利用热浪、压力和气雾打击目标的精确打击武器。这种武器运用的是先进的油气炸药原理，在撞击后弹体燃料会被马上点燃，从而产生大量的浓雾爆炸云团。可通过热雾和压力来摧毁建筑物内的目标，并且能够在很大范围内杀伤敌人，在目标区域内的敌人很快会被压力压死或被气雾憋死。

（5）云雾炮弹

环氧乙烷

云雾炮弹又叫燃料空气炸药炮弹，通常将环氧乙烷、氧化丙烯等液体炸药装填在炮弹内，通过火箭炮或迫击炮将其发射到目标上空。第一代云雾炮弹属于子母型，即在母炮弹内装3枚子炮弹。每枚子炮弹装填数十千克燃料空气炸药，并配有引信、雷管和伸展式探针传感器等。母炮弹发射到目标上空后，经过1～10秒钟的时间，引信引爆母炮弹，释放出挂有阻力伞的子炮弹，并缓缓地接近目标。在探针传感器的作用下，子炮弹会在目标上空预定的高度进行第一次起爆，并且将液体炸药混合，形成直径约15米、高约2.4米的云雾，将附近的地面覆盖住。经过0.1秒的时间，子炮弹进行第二次引爆，使云雾发生大爆炸。目前，云雾炮弹已经发展到了第三代，其性能又有了很大的提高，使用的范围也更加广泛。

（6）太阳武器

太阳武器是一种利用太阳光来消灭敌方的武器。实际上人类很早就有过利用太阳光作为武器的例子。1994年，俄罗斯卫星曾在其轨道上安放了一面镜片，镜片的反射光会在夜间擦过地球，这说明当时的技术就已经能够在4万米高空集中镜面反射光了。据计算，聚集的热源中心温度可达数千度，足以毁灭地球上的一切生物。在未来战争中很有可能会出现这种武器的身影。

（7）化学雨

化学雨武器是从早先的气象武器演变过来的一种新型武器，在海战中的作战效能尤为显著。它主要由碘化银、干冰、食盐等化学物质组成，这些物质或能使云层形成水滴，造成连续降雨，或能造成人员伤亡，使武器装备加速老化。该武器可分为两大类，一类是永久性的，一类是暂时性的。永久性的化学雨武器主要使用隐形飞机或其他无人飞行器运载，偷偷飞临敌国上空撒布，可使敌军武器加速腐蚀，从而丧失作战能

酸雨毁掉的森林

力；而暂时性的化学雨武器由高腐蚀性、高毒性、高酸性物质等组成，主要能使敌军部队瞬间丧失抗击能力。

（8）海啸风暴

提起海啸，人们无不胆战心惊、毛骨悚然。自然界的海啸是都是由风暴和地震所引起的，然而据有关材料记载，1965年夏天，美国在比基

海啸风暴

尼岛上进行的核试验激发了军事科学家们研制海啸武器的浓厚兴趣。在那次核爆炸中，距爆炸中心500米的海域突然掀起60米高的海浪，海浪在离开爆炸中心1500米之后，高度仍保持在15米以上。这一试验表明，未来如将海啸武器运用于海战，势必会造成不可估量的作用。

（9）巨浪

对于军舰和海洋设施以及登陆作战来说，风浪是一种不可小视的重要因素，巨大的风浪常常导致舰毁人亡，军事设施毁坏。因此，利用风浪和海洋内部聚合能使大洋表层和深层产生海洋潜潮，从而造成敌海军舰艇、水下潜艇以及其他军事设施的倾颠和人员死亡。军事科学家认为，巨浪武器还可用于封锁海岸，以达到遏制敌军舰出海进攻的目的。不过，到目前为止，真正能引起巨浪的方法尚未问世，目前的方法只能引发一些小浪级的浪涛，不过这也可以看作是巨浪武器运用成功的前兆。

◎ 气象武器与战争

有规模地将人工影响局部天气技术应用于战场的历史源于第一次世界大战，最先使用的是造烟。在第一次世界大战中，制式发烟弹药和器材首次被用于战场。到了第二次世界大战，烟幕的战场运用有了较大发展，美、英、苏、德等国军队的烟幕使用已达到战役规模。与烟幕的影响类似的是人工造雾，1913年海军最早使用造雾剂在海洋上空造雾。后来在第一次世界大战中出现了毒气战后，陆军开始使用造雾剂造雾。战后，空军也开始用人工造雾掩护作战行动。而人工消雾技术是在第二次世界大战期间出现的，最典型的案例是20世纪40年代，英国首次采用燃

人工造雾

烧汽油加热空气的方法消除了机场大雾。

首创气象战的是美国。越战时期，美军曾秘密进行了长达7年之久的人工降雨。越南地处热带丛林地区，美军利用西南季风期雨季的有利条件，在越南、老挝、柬埔寨等地进行人工降雨，目的是破坏交通运输线

胡志明小道

"胡志明小道"。在越南战场上，美军的人工降雨使该作业地区降水量增加了30%以上，一次可造成每小时80多毫米的特大暴雨，使得战场上洪水泛滥、桥断坝溃、道路泥泞。当时，地处北部的越南民主共和国为保证道路畅通，不得不从战斗部队抽调大批人力和物力进行抢修，军事运输受到了极大的影响。

由美国总统约翰逊批准的这项秘密气象作战计划前后耗资2160万美元，出动飞机2600多架次，投放催雨弹4.74万枚，参加作战的人员有1600余人。据美军统计，1971年4月初未进行人工降雨时，每周通过"胡志明小道"的物资运输车多达9000辆；而6月份美军投入了1391枚人工降雨催化弹后，每周车流量锐减至900辆，其效果大大优于使用B-52轰炸机实施轰炸。

军事小百科

胡志明小道

　　"胡志明小道"是胡志明部队向南方游击队秘密运送兵力和武器装备的通道,拥有从北方荣市经过中部非军事区通往南方多个地区的多条路线。事实上,美军一直没有搞清"胡志明小道"到底有多少条路。军事历史学家普拉多斯分析说,"胡志明小道"应该有5条主路、29条支路,还有捷径和"旁门左道",总长近20 000千米。

　　1959年初,胡志明下令开辟支持南方作战的"特殊通道",这就是"胡志明小道"。随后,胡志明部队专门成立第559运输大队。6月10日,胡志明部队首次通过"特殊通道"向南方运送武器装备,每名运输

胡志明小道

工运送4支步枪或大约20千克弹药。1960年，"特殊通道"意外被发现。1961年初，胡志明部队不得不将路线做了调整，绕道老挝运送作战物资。运输工用改装的自行车，驮运大约200千克作战物资南行，先后有10万余人参加。1964年，随着南方作战的需要，胡志明部队使用中国和苏联的机械，对"特殊通道"进行扩建，使其可以行驶卡车，以提高作战物资运送的速度和数量。不仅如此，新的"特殊通道"还秘密建造了地下兵营、仓库、车间和油库等设施。

在越南战争期间，"胡志明小道"成为胡志明部队秘密支援南方游击队作战的最重要通道。据美国刊物披露，美军曾经绞尽脑汁多年进行绞杀，包括动用强大航空兵狂轰滥炸和投放大量先进传感器进行追杀，但最终也没有成功。

刀光剑影下的文明

电磁脉冲武器

◎ 电磁脉冲武器简介

　　美国在进行一次核试验时无意中发现了高强度电磁脉冲对电子设备的独特破坏力。1962年7月，美军在太平洋中部的约翰斯顿岛进行了一次代号为"海盘车"的高空核试验，结果这次140万吨TNT当量的核试验，竟造成了1400千米之外的夏威夷檀香山地区的供电网发生跳闸，连高压线的避雷装置都被全部烧毁。

　　20世纪80年代后期，随着相关技术的成熟，号称"电磁杀手"的电磁脉冲炸弹终于横空出世。而在近些年来爆发的几场高技术局部战争中，每次战争前美军都会先派出多架电磁干扰飞机，对预定空袭区域进行定向强电磁干扰，破坏对方的电磁辐射源。战斧巡航导弹携带高功率微波弹，以非核爆炸方式产生类似于高空

战斧巡航导弹

核电磁脉冲的强电磁辐射，直接摧毁或损伤各种敏感电子部件，牢牢控制了战场的电磁环境，为自己的胜利打下了基础。

作为争夺战场制电磁权的重要作战样式，电磁突袭主要是依靠电磁脉冲武器来实现的。电磁脉冲武器是依靠人工技术产生的电磁脉冲，在特定地区或目标周围空间造成瞬间的破坏性电磁环境，致使敌方的电子设备遭到破坏或干扰，从而达成战役、战术目的的一种新概念武器。在西方，电磁脉冲武器已经被列入了大规模杀伤性武器名单。

电磁脉冲武器可谓电子设备的"绝命杀手"。一部装在小货车上的射频武器可轻易摧毁一家银行的计算机系统；一枚最新的强电磁脉冲弹，就足以使数

电磁脉冲武器

十千米内各种电子设备遭受严重物理损伤。

从效果看，电磁脉冲武器对于目标的打击一般分三个等级：硬杀伤、扰乱和干扰。硬杀伤能彻底毁坏电子元件，特别是这种武器的破坏目标通常不是指某一电子设备，而是对某一地区的几乎所有电子设备；扰乱也称失效或反转，是指在不损坏电子元件的情况下，使整个系统处于混乱状态；干扰是指使用电磁脉冲干扰目标系统，使目标系统出现信息失真、指令错误等现象。

◎ 电磁脉冲武器的分类

电磁脉冲武器号称"第二原子弹"，世界军事强国电磁脉冲武器开始走向实用化，对电子信息系统及指挥控制系统及网络等构成极大威胁。

目前，世界上少数国家已经开发出的具有实战价值的电磁脉冲武器，主要可分为四大类：核电磁脉冲武器、高功率微波炮、电磁脉冲弹和超宽带电磁辐射器。下面就对这四大类分别进行介绍。

电磁脉冲武器构造

（1）核电磁脉冲武器

核电磁脉冲武器是指利用核爆炸产生的高强度电磁脉冲对敌方军事或民用目标实施打击的武器。这是一种以增强电磁脉冲效应为主要特征的新型核武器。

早在20世纪70年代，前苏联和美国的专家对原有核武器的设计进行了改造，使核弹在爆炸时能将更多的核能量转换为电磁脉冲能量。1962年7月8日，美国在约翰斯顿岛上空400千米进行了1.4兆吨TNT当量的高空核试验，爆炸引起距离该岛1300千米之外的夏威夷瓦胡岛30多条路灯同时发生故障；电力线路中许多断路器跳闸，数百个报警器响成一片，檀香山与威克岛之间的短波通信也一时中断；通信和指挥控制系统失灵，警戒雷达故障丛生，荧光屏出现无数回波和亮点。

（2）高功率微波炮

高功率微波炮是另一种电磁脉冲武器，它能产生GW量级的微波，就像探照灯和手电筒射出的光束一般，可瞬间击毁电子元器件。在高功率微波武器开发方面，美国和俄罗斯（前苏联）居领先地位。1977年，苏联克格勃曾利用高功率微波对美驻莫斯

高功率微波炮

科大使馆进行照射，造成一个机房的电器设备短路起火，火情在使馆的机要房间蔓延开来，伪装成消防人员的克格勃特工则伺机安装窃听装置。除俄罗斯和美国外，英、法、德、日等国家也都在进行高功率微波武器的研制和开发。

（3）电磁脉冲弹

电磁脉冲弹是利用大功率微波束的能量，直接杀伤破坏目标或使目标丧失作战效能的武器。这种武器由飞机或导弹在空中发射并爆炸后，其强大的脉冲功率，可将敌方的电子灵敏元件，甚至整个电子设备烧毁。这种武器的破坏目标，通常不是针对某一种电子设备，而是对某一地区的几乎所有的电子设备，如俄罗斯研制的电磁脉冲弹，可将爆炸能转变成电能的强烈脉冲，一次释放能量100兆焦耳，对电子设备威胁极大。电磁脉冲弹爆炸时释放出的大功率电脉冲，还能扰乱人的大脑神经系统，使人暂时失去知觉。

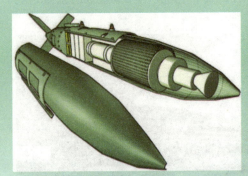 

电磁脉冲弹

（4）超宽带电磁辐射器

超宽带电磁辐射器是近年研发的一种新型电磁脉冲武器，它就像雷公电母的兵刃，由于频带很宽，可瞬间大范围覆盖目标系统的响应频率，使跳频通信变得毫无意义，因此对电子设备有很大的威胁。这类武器的最大优点是体积小、操作方便，置于车辆、飞机和卫星上，可破坏敌方的电子信息系统、信号接收机或阻塞对方雷据报道，美军正在研究用高能炸弹驱动的电磁脉冲发生器，在最近的实验中，长3.05米、宽0.61米的普洛西翁型发生器产生了上升时间仅400NS的12—16MA的脉冲，有效功率达4TW。美空军拟将输电约30MA的小型电磁脉冲发生器装在巡航导弹中，利用类似聚光罩的天线，将电磁脉冲发生器的输电能量汇聚在大约30度的范围内，从而达成对电子设备进行瘫痪攻击的效应。

◎ 电磁脉冲武器的威力

核电磁脉冲是核爆炸所产生的强电磁辐射，它的破坏力十分巨大。在一些国家的核试验中，核电磁脉冲能量侵入电子、电力系统，烧断电缆、烧坏电子设备的事例也屡见不鲜。核电磁脉冲强度大、覆盖区域广，高空核所爆炸产生的电磁脉冲危害甚至比地面和地下核爆炸还大。

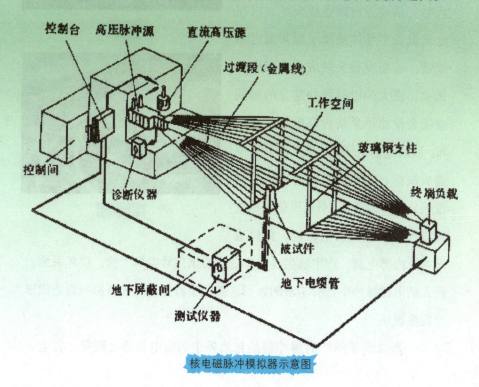

核电磁脉冲模拟器示意图

由于大气的衰减作用，高空核爆炸产生的热、冲击波、辐射等效应，对地面设施的危害范围都不如电磁脉冲效应大，100万吨当量的核武器在高空爆炸时，总能量中约有万分之三的能量都会以电磁脉冲的形式辐射出去。随着核技术的发展，不少发达国家已研制出核电磁脉冲弹，增强了电磁脉冲效应而削弱了冲击波、核辐射效应，使电磁脉冲的破坏力明显增大。

电磁脉冲是短暂瞬变的电磁现象，它以空间辐射的传播形式透过电磁波，可对电子、信息、电力、光电、微波等设施造成破坏，可使电子设备半导体绝缘层或集成电路烧毁，甚至设备失效或永久损坏。例如，强大的电磁脉冲建立的瞬间电场会使通讯系统内部电场重新分布，形成电涌电压，对通讯信号系统造成损坏；通讯系统内部电场瞬间重新分布形成涌流，对通讯信号系统造成损坏；强大的电磁场，穿过通

核爆炸

电磁脉冲

讯系统内部电路，产生感生电流，造成通讯信号差模干扰，损坏系统；强大的电磁脉冲中含有丰富的频谱，微电子器件极易受其影响而造成谐振发热损坏。

"第二原子弹"的爆炸就是自然界中的雷电和静电现象。雷电、

雷达系统

船舶

雷电

静电形成的电磁辐射和太阳、星际的电磁辐射以及地球磁场和大气中的电磁场所产生的爆炸。除了大小区别，其原理都是一致的。此外，"第二原子弹"的爆炸还有人为现象，就是人为产生电磁辐射源的电磁辐射。

随着科学技术的发展，大量普及的电气设备，如电视发射台、广播发射台、无线电台站、航空导航系统、雷达系统、移动通信系统、高电压送变电系统、大电流工频设备和轻轨、干线电气化铁路系统……总之，一切以电磁能应用进行工作的工业、科学、医疗、军用的电磁辐射设备，以及电火花点燃内燃机为动力的机器、车辆、船舶、家用电器、办公设备、电动工具等，都会产生不同频率、不同强度的电磁辐射。其中，大部分是电磁脉冲辐射。

现代战场的电磁环境是各种电磁能量共同作用的复合环境，既有自然电磁干扰源，如雷电、静电等，又有强烈的人为干扰源，如各种功率的

雷达、无线电通信、导航、计算机以及与之对抗的电子战设备、新概念电磁武器等。因此，战场电磁环境要比平时复杂得多，高技术条件下的战场电磁环境效应主要是由各类电磁脉冲场构成的。

电磁脉冲灾害可分为自然的和人为的两大类。而在和平时期，自然和人为的电磁脉冲危害时有发生。全球每年因雷电电磁脉冲导致信息系统瘫痪等事故频繁发生，

防空预警系统

从卫星通信、导航、计算机网络乃至家用电器都会受到雷电灾害的严重威胁，1999年仅上海市由于雷电所造成的损失就超过了2亿元。

◎ 电磁脉冲武器的防御

电磁脉冲炸弹的打击目标与传统原子弹有很大不同，它的攻击目标有三类：一是军用和民用电子通信和金融中心，如指挥部、军舰、通信大楼和政府要地等；二是防空预警系统；三是各类导弹和导弹防护系统。

美国和前苏联在研究和发展电磁脉冲武器时，都十分重视武器装备电磁环境效

军舰

应和防护加固技术的研究。1979年，美国总统卡特发布命令，强调核电磁脉冲的严重威胁，要求每开发一种武器，必须考虑电磁脉冲防护能力。

为此，美国在新墨西哥州科特兰、亚利桑那州等地，建立了十余座电磁脉冲场模拟器。近几年，台湾军方在强化电子战攻击能力时，也非常重视电磁脉冲防护研究。据台湾媒体披露，台"国防部"于2001年

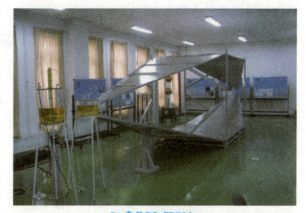

电磁脉冲场模拟器

共投资了7.8亿元新台币，用于"电子战及资讯战装备"规划，其中包括"资安计划"与"脉护计划"。"脉护计划"主要针对来自对手的电磁脉冲武器"硬杀伤"，防护台军重要军事设施、战略民用设施和"政府"重点建筑设施等。该计划由反制脉冲效应、电子反制防护网等7部分组成，以防范电磁脉冲武器攻击，维持计算机网络运转，保护计算机作战指挥系统的畅通及数据库的安全。负责这一计划的"中山科学研究院"主管官员称，"脉护计划"实现后，台军方作战指挥系统等于"戴上了一顶防电磁干扰的防护帽"。

从20世纪60年代起，世界上一些国家开始核电磁脉冲特性方面的研究，并陆续取得了一定进展。但是，对电磁防护的研究，仍然还基本停留在电磁兼容范畴内，尚未重视电磁脉冲防护。至今，这些国家的绝大多数军用、民用电子设备仍未采取电磁脉冲防护措施，有的甚至无任何强制性出厂检验标准和设施，其整体水平至少落后美国和俄罗斯20年左

右。这意味着，这些国家在军事强国的电磁脉冲武器的打击面前，早已敞开了胸膛。一旦这些国家的政府机构、金融中心、通信网络、广播电视等事关国计民生的重要系统和军事设施受到强电磁脉冲打击，将不可避免地出现大范围瘫痪或损坏，其国民经济和社会秩序将难以正常运行。

中子弹

中子弹又称强型辐射弹，是一种靠微型原子弹引爆的超小型氢弹，

中子弹

外层包着铍反射层，高能中子可自由逸出，所以放射性沾染的范围比较小。中子流的贯穿能力极强，占总能量的80%左右，距爆心800米处的中子流可以穿透30厘米厚的钢板、重型坦克、建筑物、砖墙去杀伤人员，而坦克、建筑物和武器却能完好的保存下来，也不会带来长期放射性污染，因此中子弹又被称为干净的武器。尽管从来未曾在实战中使用过，但军事家仍将其称为战场上的"战神"，是一种具有核武器威力而又可用的战术武器。

中子弹的结构与氢弹相似，但

它不是一种大规模的毁灭性武器，而是被作为战术核武器设计出来的。虽然它对建筑物和军事设施的破坏很有限，但也能够对人造成致命的伤害。一颗1000吨级的中子弹在120米高空爆炸，离爆心2千米范围内的人员即使不会当即死亡，也会在一天到一个月后死于放射病。作为一种强辐射弹，中

中子弹爆炸的场面

子弹是靠其强大的核辐射效应达到其杀伤效果的。早期核辐射具有很强的穿透能力，它可以穿透上千米厚的空气层，可以穿透人体，还可以穿透相当厚的物质层。

◎ 中子弹的结构

中子弹的弹体上部是一个微型原子弹，中心是一个亚临界质量的钚-239，周围是高能炸药；下部中心是核聚变的心脏部分，称为储氚器，内部装有含氘氚的混合物；储氚器外围是聚苯乙烯；弹的外层是用铍和铍

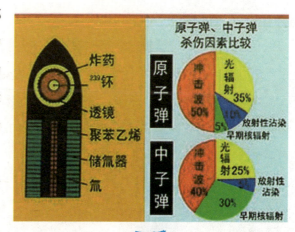

中子弹

合金做的中子反射层和蛋壳。此外，中子弹还带有超小型原子弹点火起爆用的中子源、电子保险控制装置、弹道控制制导仪以及弹翼等。

引爆时，炸药给中心钚球以巨大压力，使钚的密度剧烈增加。这时受压缩的钚球达到超临界而起爆，产生了强 γ 射线和X射线及超高压，强射线以光速传播，比原子弹爆炸的裂变碎片膨胀快100倍。下部的高密度聚苯乙烯吸收了强 γ 射线和X射线后，便很快变成高能等离子体，使储氚器里的含氘氚混合物承受高温高压，引起了氘和氚的聚变反应，放出大量高能中子。鉴于中子弹的这一特性，如果广泛使用中子武器，那么未来的战后城市也许将不会像使用原子弹、氢弹那样成为一片废墟，但人员伤亡却会更大。

而铍作为反射层，可以把瞬间产生的中子反射击回去，使它充分发挥作用。同时，一个高能中子打中铍核后，会产生一个以上的中子，这被称为铍的中子增殖效应。这种铍反射层能使中子弹体积大为缩小，因而中子弹可以做得很小。

◎ 中子弹的发展

虽然美国总统肯尼迪曾反对过中子弹的发展，但美国还是于1958年开始由塞姆·科恩着手中子弹的研发。1962年，劳伦斯·利弗莫尔核武实验室首先发展成功中子弹，并在内华达州引爆。

科恩有"美国中子弹之父"的称号，当时他在受命研究中子弹时，主要考虑的是要以一弹阻止苏军坦克群入侵西欧，令对方所有作战人员死亡或受伤，通讯中断，坦克则完好无损。如此不仅可令敌军惨败，也可使敌方的反应变缓。美国军方曾以美制和苏制先进坦克试验中子弹，结果坦克内的动物全部死亡。

一枚普通中子弹，在二三百米空中爆炸，瞬间便可使200辆配备强大火力的坦克丧失战斗力，并导致人员死亡。1977年美军试爆中子弹成功，卡特总统便以之为政治武器，希望逼前苏联裁军，保证不侵犯西欧。但到了1978年4月，卡特在国内外各种压力下，推迟了生产计划，改为只生产中子弹部件。然而给美军压力的法国却在1980年试爆了中子弹，并扬言将用它来保卫欧洲。之后又传出前苏联也有了中子弹的消息。

中国在1964年成功试爆第一颗原子弹的同时，也开始了中子弹的研究。著名核子物理学家王淦昌，提出激光核聚变初步理论，之后中国科学家便开始有系统地从事这方面研究。10年后，中国科学家采用激光技术，在实验室里观察到了中子的产生过程。到80年代初中国建造了用于激光聚变研究的装置，并于80年代末期成功试爆了中子弹。

1977年6月底，美国成功研制出中子弹，并将其装载飞机、导弹和炮弹以作为有效的战术核武器。在30千米以内和近距范围，可用155毫米203毫米榴弹炮发射中子炮弹；在130千米范围内，可用"长矛"地地战术导弹携带中子弹头；在更远的距离，则可使用"潘兴"Ⅱ式导

"潘兴"Ⅱ式导弹

弹和"战斧"。1978年美国总统卡特执政时期，中子弹正式投入生产。到1981年里根时期，为了加强军备，总统里根下令生产长矛飞弹的中子

弹头和203毫米榴弹炮的中子炮弹。至
1983年，美国军方共生产带中子弹弹头
的"长矛"战术导弹945枚。除了美国以
外，法国和前苏联曾公开承认拥有中子
弹的生产能力，印度1999年8月16日宣称
能制造中子弹，中国也于1999年7月15日
宣称已经拥有中子弹了。但是直到目前
为止，中子弹尚未在实战中使用过。

可携带中子弹的"长矛"导弹

◎ 中子弹的特点

　　中子弹在引爆时其弹体上部的高能炸药会最先引爆，给予中心钚球
以巨大压力，使钚的密度剧烈增加。当受压的钚球达到超临界状态时就
会爆炸（裂变），以光速传播产生强Y射线、X射线和超高压。

　　弹体下部的高密度聚苯乙烯吸收了强Y射线和X射线后，会很快变成
高能等离子体，使储氚器里的含氘氚混合物承受超高温高压，引起氘和
氚的聚变反应，从而释放出大量的高能中子。这些高能中子到达弹体外
部的铍反射层后，会立即被反射回来，并产生铍的增殖效应，即一个高
能中子击中铍核后，会产生一个以上的中子，从而有利于氘和氚发生更
完全的聚变反应。铍的这种增殖效应使得中子弹的体积大为缩小，一般
直径只有200毫米，弹长560毫米。中子弹的爆炸能由聚变反应产生，并
主要以中子流的形式向四周释放，在其爆炸过程中，中子流的能量占总
能量的80%左右，因此核污染较小，而杀伤力较大。

　　作为一种强辐射弹，中子弹是靠其强大的核辐射效应达到其杀伤效
果。中子弹的体积虽然不大，威力却相当惊人，它能够产生致命的中子

雨，用强烈的中子辐射杀伤战场上的生命体。以一枚千吨级TNT当量的中子弹来说，其核辐射对人的瞬间杀伤半径可达800米，但其冲击波对建筑物的破坏半径只有300～400米。因此它一方面可瞬间摧毁敌方人员，另一方面又可使战区建筑物和设施的破坏降至最低。据试验，一颗1000吨TNT当量的中子弹在旷野爆炸后，在距离爆炸中心900米处，中子辐射剂量可达8000拉德。

中子弹能贯穿厚度为20～30厘米的坦克装甲或50厘米的钢筋混凝土堡垒，并杀伤其中的人员。理论上来说，遭到中子辐射污染的人员，短时间内即会感到恶心，丧失活动能力，以后会相继发生呕吐、腹泻、发烧、便血等症状，有的会出现不同程度的休克或白血球显著下降，导致败血症，在几天之内死去。根据科学家多年来对中子弹的试验和研究，如果当量为1000吨TNT的中子弹作用于暴露的人员身上，那么中子弹的杀伤效应为：距爆炸中心900米处，吸收的剂量为8000拉德，人员即刻永久性失去活

中子弹爆炸

动能力；距爆心1400米处，吸收剂量为650拉德，会造成后期死亡；距爆心1700米处，吸收剂量为150拉德，受辐射者约有10%会数个月内死亡。

中子弹的当量一般比较小，威力多为1000吨TNT当量，引爆用的原子弹要更小，这种小型化使得中子弹的制造难度加大，因此仅仅掌握原子

刀光剑影下的文明

原子弹

氢弹

中子弹

弹的研制生产能力还不够，还必须要具备小型化技术，但一般来说具备了发展氢弹核武器的能力，也就意味着有能力研制中子弹了。

与原子弹和氢弹等核武器相比，中子弹具有三个显著的特点：

（1）早期核辐射效应强。原子弹和氢弹可以毁灭对方，但对使用者本身其实也没有太大的实际利益。而中子弹却能够有效地克服这一点，它爆炸时早期核辐射的能量可高达40%。这样，同样当量的原子弹与中子弹相比，中子弹对人员的杀伤半径就要大得多了。

（2）爆炸释放的能量低。当核武器的当量增大到一定程度时，冲击波、光辐射的破坏半径就必定会大于核辐射的杀伤半径，所以中子弹的当量不可能做得太大。因为中子弹爆炸时释放的能量比较低，所以它只能是作为战术核武器而应用于战场支援作战中。也正因为如此，中子弹这个神秘的杀手才有了更为广阔的用武之地，才比其他核武器具有更多的实用价值。

（3）放射性沾染轻，持续时间短。由于引爆中子弹的裂变当量很小，所以中子弹爆炸造成的放射性沾染也很轻。据报道，美国研制的中子炮弹和中子弹头，其聚变当量约占50%到75%，所以中子弹爆炸时只有少量的放射性沉降物。通常情况下，经过数小时到一天，中子弹爆炸中心地区的放射性就已经大量消散，武装人员即可进入并占领遭受中子弹袭击的地区。

◎ 中子弹的预防

虽然中子弹所发出的核辐射来无影、去无踪，而且看不见、摸不着、听不到、闻不出，但这并不意味着人们面对中子弹只有束手无策、坐以待毙。根据中子弹不同的杀伤原理，人们还是有很多对付中子弹的办法的。

从防护原理上讲，水、木材、聚乙烯塑料等都能较好地慢化并吸收中子。例如，把铅加入含氢的聚合材料中，就可以增加防护能力。另外，在含氢的聚合材料中加入硼，就可以部分阻挡辐射，从而减少对人的伤害。其实，各种物质对核辐射都有一定的衰减作用，例如4~6厘米厚的水就可以将中子的辐射强度衰减到一半；1米厚的土壤就能使核辐射衰减2个数量级。在一次核试验中，有一个钢筋混凝土工事，复土厚2.5米，混凝土厚0.3米，地面早期核辐射剂量达56000拉德，工事内的剂量仅0.29拉德。因此，只要构筑一定的工事进行适当的防护，人体受到中子弹辐射的危害将会大大减少。在一些紧急情况下，一旦发现中子弹的闪光，暴露的人员应迅速进入工事，或利用地形地物如沟谷、崖壁、涵洞等进行遮蔽，这样可以在一定程度上减少吸收的剂量。

而对于那些英勇作战的坦克兵来说，如何进行防护可是个大问题，

苏联坦克兵

因为当他们发现中子弹爆炸后，已经没有时间走出坦克外进行躲避了。为了不让他们牺牲在自己的岗位上，苏联的军事专家曾针对中子弹的特点在坦克内部镶上一层特殊的衬里，或在装甲中间加上特殊的夹层，用以抵御中子弹的中子辐射。有关数据表明，4厘米厚的涂层就可以将坦克的防护能力提高到原来的4倍。当然，即使采用了上述措施，也难以将中子弹的辐射杀伤降低到原子弹的水平。一旦不幸染上放射病，应该及早进行治疗。

虚拟战场

XU NI ZHAN CHANG

与过去战争相比，不光是战争形式、战争武器有了很大发展，战场也变化颇大。过去的人们也许从未曾想到过，打仗也可以在虚幻的场景中进行。现代电脑科技的大发展，电脑游戏的普及，都是虚拟战场出现的先决条件。现实的战场上，人员的伤亡，环境的破坏，设备的损失都是不可避免的，每场战争都要耗费大量的人力物力财力。因此，如何能花最少的代价，取得最大的利益就成为了各国研究考虑的问题。在和平年代，战争爆发的次数明显少于战乱年代，而士兵战场生存技能的提高则必须要经历战争的历练。但如何在没有战争的情况

电子游戏中的虚拟战场

下进行军事演练呢？电脑游戏的出现为解决这一问题提供了指路明灯。在电脑战争游戏中，人们可以设定各种各样的战场环境，提供很多现实中的武器，玩家可以通过自己设定战争策略来进行战争演练，还可以通过电脑联网，与别的玩家共同作战或对抗。电脑游戏的界面逼真，画质清晰，会使玩家有种身临其境的感觉。通过玩电脑游戏，士兵可以提前感受真实的战争氛围，在锻炼自己的实战本领的同时还可以提高自己的战术技能。既可以省下大笔的金钱又可以达到良好的效果。可以说，虚拟战场是和平年代士兵进行军事演练的最佳途径之一。

指挥控制战

◎ **指挥控制战的定义**

指挥控制战是指在情报的相互支援下，综合运用作战保密、军事欺骗、心理战、电子战和火力摧毁等手段来阻止敌方获得信息，影响、削弱或摧毁敌方指挥控制能力，同时保护己方指挥控制系统不被敌方破坏。美军参谋长联席会议1993年3月颁布的一份文件是对美军20世纪80年代初提出并一直沿用的"指挥控制与通信对抗"（简称C（U3）对抗，英文缩略语为（C（U3）CM）概念做了补充修改，将其更名为"指挥控制战"。

指挥控制战是信息战的主体。海湾战争后，美军的信息战概念引起了印军的高度重视。经过10余年的发展，印军的指挥控制战思想已具雏形并在一些边境冲突中初露锋芒。1998年10月，在斯利那加的街头小巷，

海湾战争

印军与克什米尔游击队上演了一场猫捉老鼠式的无线电战游戏。为了围剿克什米尔游击队，印军通信情报分队一直跟踪游击队电台，但游击队

印度陆军

密码操作员使用预先设置的多种频率传输电文，使游击队多次从印军的眼皮底下溜走。几经周折，最终印度陆军的测向仪准确定位了斯里那加瓦布巴扎尔区的一所房子。10月9日，当克什米尔游击队进入这所房子时，遭到了印度陆军和警察部队的猛烈袭击，游击队伤亡惨重。印军的这次胜利在很大程度上正是得益于有效的无线电战。

◎ 指挥控制战的范围

指挥控制战适用于各种级别的战斗，包括进攻与防御两个方面：

（1）反指挥控制，即通过不让敌方获得信息以及影响、削弱或摧毁敌方的指挥与控制系统，达到破坏敌方有效指挥与控制的目标的。

（2）指挥控制保护，即通过发挥己方优势或使敌方针对己方的反指挥控制企图失败，以保持对己方部队的有效指挥与控制。

指挥控制战有五大要素：

（1）作战保密：即为了防止敌方利用间谍手段获得己方意图而伪装手段制造虚假情报，使敌方做出错误的判断和决策。

（2）心理战：即通过广播、投撒传单等手段，瓦解敌军斗志或采取有利于己方意图的行动。

（3）电子战：即干扰和破坏敌方通信和雷达系统，干扰、欺骗其侦察手段。

（4）火力打击：即用火力摧毁敌指挥控制中心和侦察、干扰器材。

（5）可靠的情报支援：实施指挥控制战必须要有可靠的情报支援，只有掌握敌军的行动意图，敌军目标的性质、特征和位置，分析对其干扰或摧毁可能产生

火力打击

的效果，才能制订出符合实际的作战计划，确定重点打击目标和打击手段。美军在海湾战争以后把"C（U3）对抗"改为"指挥控制战"，正反映出了现代战争对抗、体系对抗的特点，更加突出了指挥控制在现代战争中的重要性。

◎ 指挥控制系统生存能力

随着信息技术的发展，过去比喻的"运筹于帷幄之中，决胜于千里之外"的战争将会成为司空见惯的样式。但为这一战争样式提供基础的指挥控制系统，则必将成为敌方硬武器攻击和电子软杀伤的首选目标，例如海湾战争中首先被轰炸的就是伊拉克的指挥和控制节点、通信设施和广播电视系统。因此，确保指挥控制系统的战场生存能力对决定战争的胜负起着至关重要的作用。

为了确保指挥控制系统能在核战争和常规战争环境里保持生存和持续运作的能力，印军要求其指挥控制系统必须具有可靠的反应和生存能力。在确认部队指挥官无法正常行使指挥权的情况下，部队应能通过系统顺利地移交指挥权，同时也能将原部队的数据库和处理系统一并移交给接收平台。通常情况下，舰队指挥官的指挥位置都设在舰艇上，但必要时也可设在海岸警卫队的舰船上或商船上。同样，国家指挥中心、军区或军级指挥部和野战机场的指挥所也应视情况需要来启用备用指挥部（所）。

为防止因系统出现故障而造成指挥控制中断，要求应实现信息输入/输出故障、节点损毁认知系统的自动化。在系统或设施被损毁时，应能自动保护数据库、自动告警并启动挽救系统。在挽救系统被部分损毁的情况下，其

舰艇

余系统仍能保持连续性并对用户作出正常响应。野战部队和边远地区的部队应尽可能使用坚固耐用且轻便的系统设备，同时应为自动转发通信网、转发中心和中继站的固定设备提供野战防卫设施，以对付来自敌方的地面和空中威胁。

随着现代战争对电子信息的依赖愈来愈强，指挥控制战将在未来战争中起着力量倍增器的作用。

情报战争和反恐斗争

鉴于美国对散布于世界各地的恐怖分子进行的搜捕行动，五角大楼防卫科学委员会（DSB）预言，"美国将陷入一场长期的、有时还会是非常激烈的无国界战争"，而对手是"立场坚定、资源充沛、散布各处且有明确战略目标的恐怖分子"。防卫科学委员会认为，为了应付这场战争，美国需要"采取新的战略及姿态，并建立新的组织"。但就在美国准备对防卫与情报组织进行调整，

士兵

以应对新的反恐战争需要之际，政府将情报与军事行动相结合的想法使中情局与五角大楼之间的关系突然变得紧张起来。

◎ 紧张关系

　　美军在阿富汗的经历加速了情报加特种部队新模式的产生。"9·11"事件后，经过中情局的努力，其特工人员顺利进入了阿富汗，并为特种部队的进入铺平了道路。中情局的特工小分队之所以能完成任务，有部分原因在于他们与阿富汗国内各方人士的联系，而这一点是五角大楼所不能办到的。攻陷坎大哈后，只有大约100名中情局特工与300多名特种兵继续留在阿富汗。这表明，配有高科技装备的小分队已完全拥有了所需的作战能力。而事实上，这也是美国所希望的反恐战争模式，其优点就是无需大量部署军队。

美军在阿富汗

　　然而，美国国防部长拉姆斯菲尔德从一开始就不喜欢中情局与特种部队之间的这种联系。五角大楼认为，中情局只能为战争做"情报准备"工作，并不能做"战斗准备"工作，只能提供一些情报，至于租借仓库及运输工具、安排与反对派领导人的会晤等工作都应该由五角大楼负责。但是据称，在阿富汗战争初期，当拉姆斯菲尔德要求特种部队直接进入阿富汗时，特种部队司令查尔斯·霍兰将军对此非常吃惊。霍兰将军告诉拉姆斯菲尔德说，如果没有中情局所做的诸如标识降落地点、发展线人等战斗准备工作，特种部队是不可能进驻阿富汗的。中情局在阿富汗圆满地完成了任务，这多少消除了公众对其"9·11"事件情报失误的指责，但批评家仍认为不能将阿富汗战争的胜利完成归功于中情局身上。五角大楼防卫政策

拉姆斯菲尔德

美国特种部队

委员会主席理查德·珀利称，"在阿富汗，许多看似是中情局的工作，事实上是由被派到中情局的美国军人完成的。这些人大多是由于战争或形势需要才被派到了中情局。"中情局的辅助军事组织——特别行动部的许多人员都来自于特种部队，这些人身着便装或当地人服装，没有军事身份，一旦被抓获，也不会带来任何外交麻烦。前国防部长首席副助理罗伯特·安德鲁斯时任五角大楼特种及低强度战斗的非军事主管，他以前就作过中情局特工。他说："我当时也提出过怨言。由于中情局自己的忽视，我们要把人借给他们去完成一些本来应该由他们为我们做的事。但我相信这种情况以后会有很大的改观，五角大楼将不再愿意派人给中情局进行秘密活动。"

五角大楼与中情局之间的紧张关系由来已久。早在1991年，诺曼·舒瓦茨科夫将军就称，中情局从未向他提供过任何有价值的情报。为了考验并改进这种关系，美国政府还成立了由国防情报局（DIA）、国家安全局、国家图像与测绘局（NIMA）及中情局人员共同组成的组

美国国家安全局

织——国家情报支持小组来加快战时情报传递速度。直到现在，中情局里还设有军事支持中央情报副主任与反恐中心副主任职位，两者均由军方人员担任，为的就是增进与五角大楼的关系。但真正的问题是，尽管再次吸收了新成员，一些工作也取得了进展，中情局仍没有能力领导与"基地"组织进行的斗争。这样一来，五角大楼希望能采取一种新的作战模式，并将中情局的一些职责划为己有。理查德·珀利说："原则上说，非军事行动不一定要由中情局来做，国防部也可以胜任这种工作。"

在这样的世界大环境下，情报战争与反恐斗争也逐渐兴起。

军事小百科

"9·11"事件

"9·11事件"（又称"9·11恐怖袭击事件""美国9·11事件"等）指的是美国东部时间2001年9月11日上午（北京时间9月11日晚上）恐怖分子劫持的4架民航客机撞击美国纽约世界贸易中心和华盛顿五角大楼的历史事件。包括美国纽约地标性建筑世界贸易中心双塔在内的6座建筑被完全摧毁，其他23座高层建筑遭到破坏，美国国防部总部所在地五角大楼也遭到袭击。

美国东部时间2001年9月11日早晨8:40，四架美国国内民航航班几乎

被同时劫持，其中两架撞击了位于纽约曼哈顿的世界贸易中心，一架袭击了首都华盛顿美国国防部所在地五角大楼。而第四架被劫持飞机在宾西法尼亚州坠毁，据事后调查，失事前机上乘客试图从劫机者手中重夺飞机控制权，但最终失败。这架被劫持飞机目标不明，但相信劫机者撞击目标是美国国会大厦或白宫（事后对参与策划袭击的恐怖分子进行审问的结果表明，恐怖袭击的第四个目标是国会大厦。而在此之前美国官方一直怀疑目标是白宫）。

纽约世界贸易中心的两幢110层摩天大楼在遭到攻击后相继倒塌，除此之外，世贸中心附近5幢建筑物也受震而坍塌损毁；五角大楼遭到局部破坏，部分结构坍塌；袭击事件令曼哈顿岛上空布满尘烟。

在9·11事件中共有2998人罹难（不包括19名劫机者），其中2974人被官方证实死亡，另外还有24人下落不明。罹难人员名单中包括：四架飞机上的全部乘客共246人，世贸中心2603人，五角大楼125人。此外共有411名救援人员在此事件中殉职。

刀光剑影下的文明

2001年9月11日的恐怖袭击对美国及全球都产生了巨大的影响。这次事件是继第二次世界大战期间珍珠港事件后，历史上第二次对美国造成重大伤亡的袭击。这次事件是人类历史上迄今为止最严重的恐怖袭击事件。美国政府对此次事件的谴责和立场也受到大多数国家同情与支持。全球各地在此次事件后都举行了各种悼念活动，事发现场的清理工作持续到次年年中。9·11事件在美国及全世界范围内造成了极大恐慌，该事件也直接导致了此后国际范围内的多国合作进行的反恐行动。

◎ 特种部队

特种作战司令部于20世纪80年代建立。为了使该组织更具有灵活性与多用途性，美国政府允许它避开繁杂的程序自行购买装备，而国防部内的其他部门都无此权力。阿富汗战争期间，特种部队可以通过小型无

B-52轰炸机

线电与B-52轰炸机的飞行员直接进行对话，这种设备也是特种部队所独有的。

　　以往，特种部队只负责进行短期战斗。但反恐战争的发展，意味着特种部队要采取不同的作战方式。"特种部队需要具备从事间谍活动的能力，要具有协同作战能力的力量。特种部队要同时具有秘密与公开活动的能力。"因而，将特种作战司令部由协助性组织变成一个被协助性组织的需要已越来越迫切。

　　有迹象表明，美国正在积极寻求此战略。美军已经在也门与索马里攻击距离之内的迪吉布提部署了一支由800名特种兵组成的小分队。据称，"基地"组织成员正在那里重新聚集。而在其他一些国家，例如菲律宾、巴基斯坦与格鲁吉亚，也有特种部队的身影。他们宣称只是在这些

国家进行培训，然而实际上，这种身份对他们来说仅仅是一种很好的掩护。罗伯特·安德鲁斯说："我们之所以能快速进入阿富汗，原因就是我们在乌兹别克斯坦花了很多年来训练那里的边界警卫，我们在其他国家也要扮演同样的角色。"

另外，拉姆斯菲尔德还提出，在没有得到有关国家许可的情况下，就已经向其派遣了从事秘密活动的特种部队。防卫科学委员会还建议建立一支名叫"先遣战斗组"的反恐精英部队，并将其派往藏匿恐

反恐精英部队

怖分子的国家。这支部队可以迫使恐怖分子采取应对措施，并抢在其前面展开行动。该部队还可以协助开拓战场空间，或进行其他的战斗准备。防卫科学委员会认为应该将战斗组交给国家安全委员会，并由安全委员会为其行动负责。

显然，特种部队与中情局过去担任的角色有些重合，但五角大楼似乎允许这种情况的存在。因为秘密行动的作战指挥权已转交特种作战司令部，所以中情局从事这种行动的次数正在减少。但是，强调特种部队在秘密行动中的重要性也会破坏现有的制约因素。如现行制度规定，在中情局执行重要任务之前必须获得总统的批准，而且中情局也要向国会情报委员会提交一份简要报告。情报委员通过控制预算，可以为中情局

刀光剑影下的文明

设置难以逾越的障碍。但特种部队则不必受到这样的限制与监督，有人担心这可能是一个危险的先例。

◎ 科技变革

随着科技的不断进步，军事行动与情报活动之间的传统界限也逐渐变得模糊起来。搜寻恐怖分子的行动要求能对可靠的情报做出迅速反应。阿富汗战争表明，新型武器与及时情报可以对战局产生巨大影响。实际上，美国在阿富汗投入的兵力并不多，但由于特种兵背上的便携式电脑通过卫星与飞行员之间实现了数据连接，他们可以向飞行员提供精确的目标方位，从而得到飞机的低空支持。这种战术在摧垮塔利班政权的斗争中起到了关键作用。战争期间，特种部队的任务是将收到情报与发出开火指令之间的时间间隔缩短到10分钟以内，而在科索沃战争中，这时间大约为一到两个小时。

美国特种兵在阿富汗

塔利班武装

但是，随着获得情报信息与实施作战行动之间的时间距离的拉近，美军更需要将各种情报来源与军事行动精确地统一起来。尽管科技有了进步，但在阿富汗空袭行动中仍然出现了许多错误。据《纽约时报》报道，美军对空袭的11个目标进行了审查，发现有400名无辜平民丧生，造成这种错误的主要原因是，驻阿富汗的美军司令官使用了不准确情报。这些情报主要是由当地军阀提供的，而他们为了解决彼此之间的仇恨，便借用了美军的空中力量。但是即使是最发达的技术也要依靠情报，尤其是当地人的情报。这种情况使得五角大楼在加强整个情报收集方面面临了更大的压力。

据称，"捕食者"无人机在阿富汗曾一度发现了塔利班最高领导人穆拉·穆罕迈德·奥马尔，但在等待开火指令的过程中却失去了将其击毙的机会。为此，美国总统曾决定授予中情局在世界各地打击"基地"组织的权利，也就是说，中情局在下达开火指令之前无需向总统进行请示。但批评家警告说，快速反应也有其自身的危险，这种新型战斗很可

"捕食者"无人机

能会造成实实在在的危机。
罗伯特·拜耶说："我们目
前面临的问题是我们突然被
要求从事情报战，但我们没
有足够的地面资源。这也说
明了中情局为何不愿意进入
战争区域——中情局没有足
够的人力来侦察一个国家内
部任何地方的情况，也不愿

"海尔法"导弹

意确认向一辆汽车发射'海尔法'导弹击中的是否是想要的目标，造
成无辜人员伤亡的机率太高。尽管在20世纪80、90年代，我们曾实行过
'肉眼确认规则'，即在世界各地进行军事行动时，必须有另一名美国
人用肉眼锁定目标。但有人怀疑在美国空袭行动中，在实施空中打击之
前，地面上是否有美国人用肉眼确定了目标。"

军事小百科

塔利班

塔利班（英语：Taliban，在波斯语中是学生的意思，也意译为神学
士），是发源于阿富汗的坎大哈地区的伊斯兰原教旨主义运动组织。塔
利班的大部分成员是阿富汗难民营伊斯兰学校的学生，故又称伊斯兰学
生军，其领导人是穆拉·穆罕默德·奥马尔。

成立之初，塔利班总共只有800人，因此许多人对其并不重视。但是这支派别高举铲除军阀、重建国家的旗帜且因为纪律严明而作战勇敢，并提出反对腐败、恢复商业的主张，因此深得阿富汗平民的支持，塔利班的实力急剧膨胀，很快发展成为一支拥有近30 000人、数百辆坦克和几十架喷气式战斗机的队伍。

1995年5月与6月间，塔利班发动了代号为"进军喀布尔"的战役，很快的控制了阿富汗近40%的地区。塔利班乘胜向喀布尔发起全面攻击。同年9月26日，塔利班占领了电台、电视台与总统府。此时，塔利班已经全面控制了首都，之后并控制了包括首都喀布尔在内的全国90%以上的领土，而反塔利班联盟中唯一具有与塔利班正面对抗能力的，只剩下马苏德一派。

掌权后的塔利班声称要建立世界上最纯洁的伊斯兰国家，

阿富汉平民

喷气式战斗机

阿富汗喀布尔

奥萨·本·拉登

巴米扬大佛

塔利班成员

但执政以来对国家重建并无明显建树，经济每况愈下，加上疾病流行，使它的支持度逐渐下降。自1996年至2001年，塔利班在阿富汗建立全国性政权，正式名称为阿富汗伊斯兰酋长国。由于它在阿富汗实施独裁专制和政教合一政策，因此仅被巴基斯坦、阿拉伯联合酋长国和沙特阿拉伯三个国家承认是代表阿富汗的合法政府，它曾经为奥萨·本·拉登提供庇护。

2001年，塔利班政权不理会联合国教科文组织及外国非政府组织的反对，颁令说巴米扬大佛雕像是崇拜偶像的行为，以炸药及坦克炮火摧毁这座古迹。在破坏行动期间，塔利班的信息部长昆德拉图拉赫·贾马尔叹道："破坏工作并非如人们所想般容易，你不能以炮轰推倒那些佛像，因为它们是凿入山崖内，它们牢牢地连接山岭。"2001年3月，两尊大佛在经过近一个月的猛烈炮轰下，最后被炸药摧毁。

世界上最早知道塔利班是在1994年11月，当时他们保护一支试图打开巴基斯坦与中亚贸易的车队而一举成功，从此登上历史舞台。2001年"9·11"事件后，在美军事打击下，塔利班政权垮台，一些残余力量转入山区。此后其长期隐藏于山区中，从2006年开始通过鸦片东山再起，并从北约手中夺回阿富汗南部地区。2007年因绑架并杀害韩国人质再次闻名。

◎ 对情报系统的控制

　　为了全面加强美军从事反恐战争的能力，五角大楼还努力加强了对美国情报系统的控制。国防部越来越认识到，应该自己提供一些过去依赖别人提供的情报。在2003年的国防授权法案中有一项关键条款规定，将设立"情报副部长"这一高级职务。这在五角大楼中将是情报部门最高的职位。此举被看成是拉姆斯菲尔德在官僚体制方面做出的先发制人的动作，有力回击了任何试图削弱五角大楼对情报系统控制的努力。

　　但美国也面临着一个巨大挑战，即其情报部门由13个主要组织构成，而这些组织之间的结构过于复杂，关系难以理顺。中情局最高长官即中央情报局局长，他虽然负责在情报机构中进行协调并处理总体事务，但他所能控制的也只有划给中情局的40至50亿美元的经费，其他大约350亿美元情报预算的80%都被划给了诸如国家安全局、国家预警办公室（NRO）、国家图像与测绘局这样的部门及国防部下属的单独军事部门中的情报分支机构。因此，中央情报局局长在为诸如国家安全局、国家预警办公室及国家图像和测绘局这样的机构制定任务及工作重点时，这些机构实际上只听命于国防部长的指令。从历史上来看，正是因为机构混乱及国防部长还有其他要务这一事实，各情报机构都在相对独立地运行着。而情报副部长这一职务的设立，明确了对情报部门的指挥权，这肯定会进一步削弱中央情报局局长的权利。

　　五角大楼在本不属于自己的领域加强情报能力的其他行动也引起了不小的争议。例如五角大楼希望开展"总体信息知晓计划"，以设立数据库储存包括护照号码、信用卡信息甚至是飞机票信息在内的大量个人信息，并对这些信息进行分析，来预测可能发生的恐怖袭击。中情局也面临着更大挑战，国土安全部的设立就是其中之一。国土安全部将拥有独立的情报分析队伍，这也是在分散情报研究及打破国外、国内情报界限方面迈出的重要一步。多个情报部门的存在，会引起彼此之间的竞争，这或许能够预防机构限制或思想单一造成的情报疏漏，但也可能加大情报裂缝，重复浪费大量资源。也有人担心，为了避免被其他机构排挤，某些情报部门或许会被迫对获取的情报进行篡改，以迎合政治领导人的需求。

　　有些人认为，所有迹象表明，中情局与五角大楼之间就机构体制问题展开的斗争已经结束，结果是拉姆斯菲尔德完全掌握了反恐战争的负责权。中情局前特工罗伯特·拜耶曾说过："我认为这种

中情局总部大楼

斗争已经过去，五角大楼取得了胜利。中情局得到了什么？中情局仅仅是一个不同的声音。布什希望进行反恐战争时，就会变得与里根一样沮丧。情报部门不能满足布什政府的需要，以至于五角大楼特种行动司令部说：'那么反恐战争就由我们负责吧'。"

◎ 国际反恐斗争改革

　　自美国发生"9·11"事件以来，国际恐怖与反恐怖斗争此消彼长，共经历了两个阶段：第一阶段以阿富汗战争结束、塔利班垮台为标志。在国际社会的理解与支持下和美国国内同仇敌忾的气氛中，美国的"反恐战争"初战告捷。第二阶段以伊拉克战争的结束为起点，以国际恐怖袭击再度"回潮"为标志，国际恐怖与反恐怖斗争呈现"胶着"状态，美国的"反恐战争"陷入难以自拔的困境。这些年的反恐实践表明：一方面，恐怖主义仍是国际社会的一大毒瘤，反恐仍然是国际社会长期、艰巨、复杂的战略任务；另一方面，单纯的军事打击难以从根本上铲除恐怖主义，国际反恐斗争必须开辟新的思路。

美国"9·11"事件

　　（1）各国普遍把反恐斗争纳入国家安全战略层面

反恐部队

"9·11"事件促使不少国家重新思考反恐在国家安全中的定位，并据此调整了相关领域如军事、外交战略，并进行情报、执法机构的战略性结构调整等。在各国国家安全战略调整中，美俄两国的调整最为全面、深刻，影响也最大。

美国国家安全战略调整集中表现在四个方面：一是认为恐怖主义已成为美国国家安全的最大威胁，因而把反恐作为国家安全战略的核心；二是适应反恐要求，大幅修改其军事战略，首次明确将"先发制人"纳入《国家安全战略》报告；三是为防范和制止恐怖袭击的再次发生，对政府部门进行了结构性调整。美情报机构则根据反恐斗争的需要进行新的布局；四是以反恐为依托，调整大国关系，把是否与美国开展反恐合作作为处理与其他国家关系的重要依据。与此同时，美在打击恐怖主义的同时，还对伊斯兰进行了"改造"，扶持伊斯兰"温和派"。

在俄罗斯，由于大型恐怖活动层出不穷，甚至有愈演愈烈之势，政府也迅速调整了国家安全战略重点。其要点有四：一是重新审视国家安全环境，把恐怖主义视为现实威胁，将车臣非法武装与国际恐怖主义完全挂钩；二是确立"先发制人"的反恐方针；三是将国家武装力量的主要职能由"抗击外来侵略"转向"内外并重"，进一步突出军队在国内反恐中的作用，健全整个强力部门体系的组织结构；四是加强、完善反恐立法。

总体来看，"9·11"事件后美俄在应对恐怖主义的措施方面有得有失。对美国

车臣非法武装头目——巴萨耶夫

而言，"9·11"事件给他们带来了巨大的损失，也使他们不得不将恐怖主义确立为国家安全的主要威胁。政府也借助"9·11"后对美国有利的舆论，迅速扭转了该事件给美国造成的负面影响，确立了"反恐时代"的新国家安全战略。应该说，从"9·11"事件发生后直到阿富汗战争结束，美国的应对措施也受到了国内外舆论的广泛赞誉。但此后美国不顾国际社会的强烈反对，执意发动了对伊战争，将反恐问题做"标签

阿富汗战争

化""脸谱化"的简单处理，造成恐怖活动情况的进一步恶化，也使美国陷入了难以自拔的窘境，这也反映出美国在反恐理论和实践方面存在着严重缺陷。

而俄罗斯在反恐问题上一直与美、欧龃龉不断。"9·11"后的国际环境，客观上其实有利于俄将车臣问题与恐怖主义完全挂钩，为俄迅速出台一系列反恐措施营造了良好的氛围。然而，俄罗斯并未能借机消灭境内的国际恐怖分子，这些表现了国际反恐任务的艰巨性和复杂性。

（2）采取强力措施打击恐怖主义

"9·11"后，各国开始重视对恐怖主义的防范与打击，并主要采取了以下措施：

① 推进反恐立法，明确相关部门的责任。从"9·11"开始，美国

一直在完善立法方面的作用。"9·11"后，美国迅速通过新的《反恐法》，进一步理顺各情报机构之间相互协作的关系，依法扩大情报机构的权力，确立情报机构在反恐斗争中的重要作用。2003年美国国会大幅增加情报机构的财政预算，以帮助中情局雇用更多的情报和分析人员，使国家安全机构现代化。俄罗斯则根据形势变化，制订了新的《国家安全构想》，并对《反恐法》和《紧急状态法》的相关内容进行了修订和细化。意大利政府也颁布政令，授予情报人员"职能特权"，所有以调查为目的的侦察手段皆不受司法机关控制。德国也陆续通过一系列反恐法案，为反恐行动提供资金和必要权限保障。

　　② 在加强、扩大传统情报机构的职能与权力的同时，组建新的机构和设立新职位，肩负反恐情报职能。美国组建了国土安全部，协调国内

俄罗斯内务部特种部队

反恐情报；五角大楼组建了情报筛选小组；中央情报局内设立了一个准军事组织；国防部也增设专门负责情报事务的助理国防部长一职。美国还拟建立新的反恐中心，以改善情报机构间的合作。俄罗斯内务部也将成立特别行动中心，负责反恐事务。新加坡则在国防情报局的辖下设立新的反恐协调机构。

③ 调整工作方式，服务于反恐情报需要。"9·11"后，美国大大加强了中央情报局和联邦调查局的反恐职能，对情报战略作了重大调整，如：调整任务比重，反恐成为情报工作的重中之重；解除行动限制，扩大情报机构权力；进行人员调配，广纳新人。而作为法国专门从事反恐情报搜集部门的法国领土监护局，也开始招募"特殊人才"，充实情报队伍。澳大利亚情报机构在"9·11"后也进行了大刀阔斧的改革。

④ 加大经费投入，为加强人力情报、技术情报以及提高情报分析质量提供资金支持。2002年，美国用于收买外国官员和知情者的

俄罗斯卢布

"专款"增加了10倍。2003年，美国国会通过了350亿美元的新情报经费法案。而俄联邦委员会2003年度也拨出了30亿卢布的反恐专项资金，并为车臣拨专款140亿卢布，用于反恐和重建费用。此外，俄还另拨专款用于收缴车臣居民私藏的武器。

各国在反恐方面的努力都取得了一定的效果，同时也为进一步防范、打击恐怖主义打下了坚实的基础。例如，"基地"组织在美国的强力打击下，遭受重创，许多头目相继落网或被击毙。但另一方面，反恐措施的收效并不如预期那么理想。"基地"组织虽遭重创，却"死而不僵"。首先，"基地老大"本·拉登仍有强大的感召力。其次，出现了许多"网络化""意识形态化"的"基地"组织，松散的、各自为战的恐怖行为较之有系统、有组织的恐怖活动要难以防范得多。这些事实都说明，先进的技术手段、超强的军事实力并不能从根本上铲除恐怖主义。除军事打击以外，切断恐怖组织的经济来源，促进民族的和平与繁荣，提高各国政治稳定水平等，走综合治理之路，才是对付恐怖活动的最好办法。

（3）不断深化国际反恐合作

伊拉克战争后，此起彼伏的国际恐怖活动显示了恐怖行为的强大示范效应和联动效应，更凸显了国际反恐合作的必要性和迫切性。国际反恐合作的一个重要方面，就是用具体措施来不断充实、完善各种反恐协议、协定与公约。由于恐怖主义问题涉及到很多方面，反恐斗争的合作领域也在不断拓宽，既有道义上的支持，也有司法方面的合作；既有情报的交流，也有技术的合作；既有经济制裁，又有联合军事打击；既有国家层面的探讨，又有具体执行部门的相互协调。其目的是从各方面最大限度地限制恐怖分子的活动空间，切断恐怖组织的资金来源，使恐怖分子藏身之地越来越少。综合起来，当前的国际反恐合作有以下突出成就：

① 反恐双边合作成效显著。从当前实际情况来看，国际反恐斗争的基础仍是双边合作。反恐合作内容也由情报交流、司法合作扩大到反恐军事演习、反恐军事支援以及共同采取反恐军事行动等诸多方面。由于这种合作不断加深，许多恐怖事件还在策划中就被破获。反恐联合军事演习如美国与菲律宾、中国与吉尔吉斯、美国与马来西

反恐联合军事演习

亚的反恐军事演习等，在一定程度上对恐怖分子起到了威慑作用。

② 反恐区域合作取得新进展。国际反恐斗争的多边合作正在蓬勃展开，主要体现在一些地区性组织的反恐斗争合作上。区域性反恐合作基于一定的地缘与共同利益，发展趋势良好。现在世界上无论是政治、经济、还是军事合作，都把反恐纳入了合作内容，有些合作组织甚至调整了结构，把反恐作为其主要职能。

③ 全球反恐合作凸显联合国的作用。"9·11"前，联合国就一直在为消除恐怖主义而不断努力，并通过了12个单项反恐怖国际公约及消除恐怖主义的相关措施。"9·11"后，联合国的反恐作用和地位愈加突出。联合国安理会决议不仅要求所有成员国冻结并切断恐怖主义的资金来源，还成立了"反恐怖委员会"，主要负责帮助成员国执行该项决议。此外，联合国还列出了与"基地"组织、本·拉登有关的132名个人及

刀光剑影下的文明

联合国总部

92个实体的名单，由反恐委员会下设的反恐专家工作组在全球范围进行跟踪、监视。

联合国的这些反恐措施，无论是规模还是具体内容都是以前难以达到的。这充分说明只有在联合国的主导下，全球反恐

机制才能有效、公正、全面地建立起来。虽然关于恐怖主义问题世界各国仍存在许多争议，联合国在反恐措施和职能方面能力也还是比较有限，并且联合国的主导地位受到了世界唯一超级大国即美国的刻意贬低与矮化，但这并不意味着他们就可以抹杀联合国的功绩，全球性反恐机制仍将在联合国主导下，以国际公约为基础，逐步建立、发展与完善起来。

（4）中国如何应对恐怖主义

如何有效预防和减弱恐怖主义对我国的影响，这也是摆在我国人民面前的大问题。这是一个逐渐摸索、积累经验的过程，党的十六大报告指出，"我们

北京奥运圣火传递过程中被制服的"藏独"分子

反对一切形式的恐怖主义。要加强国际合作，标本兼治，努力消除产生恐怖主义的根源"。从国际反恐斗争的经验来看，以下几点思路可以供我们参考：

① 加强国内立法，推动国际法体系建设。在我国内，应尽快出台、完善中国的《反恐法》及相关法律文件，依法打击恐怖主义，依法惩治恐怖分子。在国际上则应积极推动完善有关法律文件，不让恐怖分子利用法律漏洞，逃避制裁。对触及刑律的恐怖分子，无论他逃到何处，都要追查到底，并坚持将恐怖分子引渡回国受审。作为恐怖主义的受害国，中国一直支持并认真执行联合国及安理会通过的一系列关于反对恐怖主义问题的决议，并已向安理会反恐委员会提交了执行安理会第1373号决议情况的报告。中国还加入了《制止恐怖主义爆炸的国际公约》，签署了《制止向恐怖主义提供资助的国际公约》。中国已加入12项国际反恐怖主义公约中的10项，并签署了1项。

② 构筑多边反恐机制，走联合打击之路。在这方面中国已取得了很大的成绩，积累了丰富的经验。中国与美国、俄罗斯、英国、法国、巴基斯坦、印度等国分别进行了反恐磋商，并积极参加了安理会反恐委员会的工作。需要特别强调的是，上海合作组织在反恐方面的合作卓有成效。中国积极推动亚太经济合作组织领导人上海会议发表反恐声明，推动上海合作组织成员国政府首脑、国防部长、执法安全部门领导人和外长发表共同声明，并积极支持该组织建立地区反恐常设机构。北京秘书处和塔什干反恐总部的设立，为打击跨国恐怖主义提供了机制化的保障。中俄哈吉四国还举行了大规模的联合反恐军事演习，并使之逐步机制化。

联合国标志

CHARTER OF UNITED NATIONS

联合国宪章

③加强情报协作。鉴于国际恐怖组织活动的特点，情报合作在国际反恐斗争中的地位越来越重要。"9·11"后，美国情报机构在欧洲、中东、巴基斯坦、印度和南亚很快取得了突破，皆有赖于出色的情报合作。在这个方面，我国与上海合作组织其他各成员国间的情报合作还需加强。

④加强各个层次的对话和磋商，增信释疑，努力消除产生恐怖主义的根源。中国政府主张，国际社会应加强对话和磋商，开展合作，共同防范和打击国际恐怖活动。打击恐怖主义要证据确凿，目标明确，符合《联合国宪章》的宗旨、原则和公认的国际法准则，充分发挥联合国和安理会的主导作用，一切行动应有利于维护地区及世界和平的长远利益。不能将恐怖主义与特定的民族或宗教混为一谈，不能对打击恐怖主义采取双重标准。无论恐怖主义发生在何时何地、针对何人、以何种方式出现，国际社会都应共同努力，坚决予以谴责和打

击。反对恐怖主义要标本兼治，采取综合措施，其中解决发展问题、缩小南北差距、解决地区冲突十分重要。

心理战

◎ 心理战的定义

心理战即运用心理学的原理原则，以人类的心理为战场，有计划地采用各种手段，对人的认知、情感和意志施加影响，在无形中打击敌人的心志，以最小的代价换取最大胜利和利益，通过宣传等方式从精神上瓦解敌方军民斗志或消除敌方宣传所造成的影响的对抗活动。

心理战古已有之，并且在多次战争活动中都有使用，比如我国古代的《孙子兵法》中有很大一部分讲的就是心理战，而海湾战争以及

《孙子兵法》

美英联军攻打伊拉克的战争中均成功地应用了心理战术。心理战的目的有三个：

（1）最大限度地争取盟友，孤立对方，置对方于心理弱势和劣势。

（2）在本民族、本国家内部赢得民心民意，形成同仇敌忾的强大气势。

（3）以正义之师的形象激励参战人员的斗志和士气，造成官兵的战场心理优势。

心理图片

心理战常用的手段有声音、光线、形象、传媒等方面。心理战告诉我们，一个军队的心理被击垮了，那么这个军队肯定会吃败仗。对于我们自己来说，如果我们被自己固有的心理劣势打倒了，我们的人生也一定会是失败的人生。

◎ 心理战的运用

心理战并不是真正意义上的战争，其实质是一种心理影响行为，就是运用心理学的原理和方法影响对象的心理过程（认知、情感、意志），最终使对象转变态度。心理战无须动枪动炮，主要是施加心理影响。兵战、武力战瞄准的是敌方的指挥机构、军事设施和有生力量，所要打击和消灭的是敌方的军事设施和人员的肉体；而心理战瞄准的是敌方人员的心理，重点是军事指挥决策人员的心理，并不消灭敌人的肉体，而是改变敌人的认识、情感和态度。要么使敌人产生错觉，要么使敌人产生恐惧，要么使敌人思乡怀亲，最终导致敌军士气不振，不战而败。

如果运用巧妙，心理战还能解决许多兵战解决不了的问题。因为心理战科学地运用了许多心理学原理，能够使人在不知不觉中不由自主地接受影响，这种影响甚至可以违背自己的意志，不以自己的意志为转移。如心理战常用的暗示法，就是用含蓄、间接的方法对人的心理状态实施迅速影响的过程。有些心理学家称暗示是"从后门进入人的意识"，人在受到暗示影响时，简直无法抗拒。

1941年，德国建造了几十艘潜艇，需要招收几千名潜艇水手。原来以为当潜艇水手是十分浪漫的事情，许多德国青年都跃跃欲试，准备去报名。为了破坏德国海军的征募计划，美国海军心理战部门精心设计了一张传单，对德国青年进行暗示性心理

德国U-552

影响。在这张传单上，潜艇被画成"钢铁棺材"，并配有文字说明：在潜艇上工作是非常危险的，由于长期与外界隔绝，暗无天日，人的寿命很短等等。结果许多德国青年看到了这张传单后，马上由潜艇联想到棺材，由棺材想到死亡，于是纷纷放弃了报名。仅使用了一张施加心理暗示的传单，美军便成功地拖延了德国海军潜艇招募水手的计划。

心理学常研究的需要定律指的是需要与人的心理关系非常密切。心理学认为，需要是激起人活动的"内驱力"，等于是人的一切活动的发动机。人的需要是多种多样的，但心理战要研究的是敌人目前最需要的是什么。想吃甜的给他糖，想吃酸的给他醋，瞌睡了再递上一个枕头。这样一来，敌人就不能不上当受骗，或不能不改变态度。

在抗美援朝战争中，我军针对美军等西方国家军人非常重视圣诞节和都希望在圣诞节时能得到圣诞礼物的心理需要，利用过圣诞节之际，和敌人举行火线联欢。给他们送去圣诞树、圣诞贺卡、糕点食品等礼品，大受敌军官兵欢迎。他们纷纷走出地堡，在阵地上自由地透透气，听听我军播放的美国音乐，欣赏我军送给他们的礼品和宣传品。这种心理战由于符合敌人心理需要，结果收到了非常奇妙的效果。不少美军改变了对我军的态度，从认为中国军人是"侵略者""不共戴天的仇人"变为认为"中国军队是热爱和平的"，纷纷向我军官兵表示"今后不再和中国人作战了"。这种用兵战无法实现的效果由于心理战术的成功

圣诞树

运用而得以实现。

中国传统的"狼来了"的故事反映的其实也就是心理学中所讲的思维定势原理。思维定势是指已经预先形成的一种心理准备状态。这种思维定势一旦形成，思维就会呈现一种惯性状态。只要某种现象一出现，人就会自然而然地顺着过去的习惯去思维并得出结论。见怪不怪，常见不疑就是这种定势的心理反映。这种"狼来了"的心理效应方法常常被用在军事上，而且大都获得成功。埃及就成功地用过这一招，那次战争也成为战争史上的一例经典战例：

20世纪70年代，在第三次中东战争中，埃及吃了以色列的亏。为了报一箭之仇，埃及在战后加紧进行新的战争准备，并经常利用周末进行军事演习。开始，每次演习以色列都很警觉，都要取消休假、做出反

中东战争遗迹

应，结果每一次都是虚惊一场。久而久之，以色列人就形成了一种定见，认为又是埃及在进行演习，于是见怪不怪，警觉性随之降低。过了一段时间，埃及人感到时机已成熟。1973年10月6日，又是一个周末。埃及又以演习为名集结军队，向以色列发动了突然袭击。当时，以色列人还以为埃及仍是在玩演习的把戏，因此毫无戒备。当埃军突破以军防线时，以色列上自国防部长，下到普通士兵还都在教堂过赎罪节守戒念经呢。结果当然是埃军大获全胜。

心理战运用心理学的科学原理和方法，遵循人的心理活动规律，常使敌方在不知不觉中受到心理影响，落入另一方的心理圈套，使用心理战能起到兵战所起不到的作用，收到兵战收不到的效果，以小的代价取得大的胜利，甚至不需一枪一炮就能大获全胜。

"黑客战"

◎ 美军苦练"黑客战"

美军认为，在未来计算机网络进攻战中，"黑客战"将是其基本战法之一。美国现在正开展用无线电方式、卫星辐射式注入方式、网络方式把病毒植入敌方计算机主机或各类传感器、网桥中的研究，以伺机破坏敌方的武器系统、指挥控制系统、通信系统等高敏感的网络系统。另外，为达到预定目的而对出售给潜在敌手的计算机芯片进行暗中修改，使之可遥控使用，也是一种主要的网络进攻手段，通常被称作芯片武器或"芯片陷阱"。据报道，美国国家安全局、中央情报局早已开始研究芯片武器，并在出售给盟国和潜在敌国的武器系统中使用了经过改装的芯片，以起到"定时炸弹"的作用。据称，美国的CPU（中央处理器）"陷阱"设计，可使美国通过因特网发布指令，从而让敌方电脑的CPU停止工作。

从网络防御的角度讲，计算机黑客是一个

芯片武器

挥之不去的梦魇，但从网络进攻的角度而言却恰恰相反。借助黑客工具软件，黑客可以有针对性地对敌方网络频频发动袭击而令其瘫痪，多名黑客甚至可以借助同样的软件在不同的地点"集中火力"对一个或者多个网络发起攻击。而且，黑客们还可以把这些软件神不知鬼不觉地通过互联网安装到别人的电脑上，然后在电脑主人根本不知道的情况下"借刀杀人"，以别人的电脑为平台对敌方网站发起攻击。在雅虎等

加州大学洛杉矶分校

知名网站被袭击事件中，黑客就是利用斯坦福大学、洛杉矶加州大学和加州大学圣塔巴巴分校的计算机作为平台发起破坏行动的。

在利用黑客发动网络进攻方面，美国无疑是始作俑者。早在1995年，美军"第一代网络战士"就已从美国国防大学信息资源管理学院毕业。美国国防部把掌握高技巧的"黑客"和具有广博计算机知识的人组织起来，成立了所谓信息战"红色小组"。这类组织既可在演习中扮演假想敌人，通过攻击自身的网络系统发现结构隐患和操作弱点，以便及时纠正；又可以入侵他国网络，窃取、利用或破坏信息和数据，散布假消息，占用信道和服务时间，甚至破坏系统。

1997年6月间，美国国家安全局举行了一次代号为"合格接收者"的秘密演习，参与者是信息战"红色小组"，另外还雇佣了35名黑客，

刀光剑影下的文明

黑客

任务是设法闯入美国本土及统率10万大军的美军驻太平洋司令部使用的计算机网络。演习结果使美国国防部的高级官员深感震惊，几个"黑客"小组4天之内就成功闯入了美军驻太平洋司令部以及华盛顿、芝加哥、圣路易斯和科罗拉多州部分地区的军用计算机网络，并控制了全国的电力网系统。而且，这些攻击者实际上挫败了几乎所有追踪他们的人。美国联邦调查局和国防部都试图找到"黑客"，但只发现了其中一个小组。

黑客通过计算机、调制解调器和电话线，使用一些在因特网上唾手可得的软件，就能轻易对计算机网络进行大规模的破坏活动。鉴于此，美军认为，在未来计算机网络进攻战中，"黑客战"将是其基本战法之一。

◎ 打击"黑客"的"黑客部队"

黑客最早源自英文hacker，早期在美国的电脑界是带有褒义的，原指热心于计算机技术，水平高超的电脑专家，尤其是程序设计人员。但到了今天，黑客一词已被用于泛指那些专门利用电脑搞破坏或恶作剧的家伙，也有人将hacker翻译成"骇客"。

美国媒体曾称中国黑客涉嫌攻击了五角大楼的安全系统，德国媒体也曾报道称德国总理府、外交部等政府部门的

德国总理府

电脑系统遭受了中国黑客的攻击。我国外交部对此予以了否认并回应称，中国政府一贯反对和严禁包括"黑客"在内的任何网络犯罪行为，并对此制定了严格的法律法规。西方不少国家都组建了专业的"黑客部队"，计划用"以黑制黑"的非常规方式应对"黑客"的入侵，甚至依靠"黑客部队"向敌对势力发动"黑攻击"。

1988年11月2日，美国康奈尔大学计算机系23岁的莫里斯用自己编制的黑客程序侵入了美国国防部，导致国防部计算机主控中心和各级指挥中心6000部电脑完全瘫痪，造成直接经济损失上亿美元，首次向人们展示了"黑客"的巨大威力。而首次把网络攻击手段引入到战争中并发挥作用的则是

康奈尔大学

1991年的海湾战争。开战前，美国中情局派"黑客"到伊拉克，将其防空系统的打印机芯片换上了染有计算机病毒的芯片。在战略空袭前，又用遥控手段激活病毒，致使伊防空指挥中心主计算机系统程序错乱，防空系统失灵，从而为美国的胜利提供了很大便利。

在计算机网络日益发达的今天，世界各国均已意识到黑客和网络的威力。据美国2006年发表的报告称，美国国防部网络当年遭黑客袭击的次数总和达21124次。为对付黑客，美国防部每年要付出300多亿美元的代价，比当年制造原子弹的曼哈顿工程花费还要多。为了应付网络黑客的攻击，美国2005年4月成立了世界上第一支"黑客"特种部队，其正式名

称是"网络战职能组成司令部"。这支部队由世界顶级电脑专家和"超级黑客"组成，其人员组成包括美国中情局、国安局以及其他部门的专家，甚至包括盟国的顶级电脑天才。该部队的主要任务是保护美国信息网络系统的安全，防止敌国"黑客"对其实施渗透、攻击。此外，它还负责美军所有核武器的保存与使用，以防范技术高超的"黑客"对美国核武库打主意。

除了发达国家，一些发展中国家也都在积极建设网络部队。印军组建了联合计算机应急分队，并将一些民间"黑客"和编程高手"招安"。除此之外，俄罗斯、以色列等国也都十分重视"黑客部队"培养和建设。其中，俄罗斯的黑客在世界上具有极高的"声誉"，因为俄罗斯数学基础教育扎实，具有优良的"黑客"成长土壤。

◎ 世界首支"黑客"特种部队

据美国媒体报道，五角大楼秘密组建了一支不会打枪却能决胜于千里之外的特种部队，它将成为美军进行未来"信息中心战"的核心力量。这究竟是一支什么样的部队？外界对此充满好奇和疑问。美国军方对外界一直讳言"超级黑客"特种部队这个名称，然而在美国参议院武装部队委员会听证会上，美军战略司令部数名高级将官却曾经不约而同地首度提到：美国"超级黑客"特种部队已正式成军，其正式名称是"网络战职能组成司令部"。当被问及有关该司令部更具体的情况时，美战略司令部的将官们则不约而同地三缄其口。美国媒体多次就此事向战略司令部提问，但都没有得到任何有价值的消息。美军战略司令部发

美国特种部队士兵

162

言人皮卡特上尉曾就此事发表了一份简短的声明称："国防部完全有能力执行网络战，但出于安全和保密原因的考虑，我们没有跟大家探讨细节。不过，考虑到现在世界越来越依赖网络，网络的攻与防都非常非常重要。"

专事网络恐怖对美国军事和金融安全威胁情况调查的专家唐·维顿表示："任何人都休想让那些将军们吐露只言片语。他们根本不会谈及任何具体情况。"这位美国海军陆战队前资深情报官指出，战略司令部所属的"网络战职能组成司令部"是由世界顶级的电脑专家和"黑客"组成的。既然司令部前冠以"组成"一词，意味着其人员组成可能包括美国中央情报局、国家安全局、联邦调查局以及其他部门的专家，甚至还可能包括盟国的顶级电脑天才！

黑客

这支部队是世界上第一支"黑客"特种部队。然而由一群"超级黑客"组成的特种部队都做什么工作呢？虽然五角大楼没有透露任何的细节，但嗅觉灵敏的媒体仍发现了很多蛛丝马迹。据披露，在和平时期，"黑客"特种部队的任务是保护美国信息网络系统的安全，防止敌国"黑客"对其实施渗透、攻击。五角大楼已决定在战略导弹基地配备"黑客"特种部队，以保证重要目标的安全。一旦爆发战争，这支特种部队将担负渗透、监控、摧毁敌网络系统以及窃取情报的任务。这支"黑客"特种部队成员个个身怀绝技，

刀光剑影下的文明

平均智商都在140以上，因此这支部队也被称为"140部队"。他们掌握着世界上最先进的网络技术，能够轻松渗入敌国军事和民用信息网络系统，可以给系统注入病毒或摧毁系统，使整个国家的交通、电力、银行等关键部门的网络系统瘫痪，使其国家经济陷入了极度混乱和恐慌中。

超级黑客 mckinnon

在军事上，"超级黑客"们甚至可以渗入敌方网络系统，窃取对方的绝密数据，还能在对方的网络里装入一种绝密程序，自动寻找并摧毁对方的指挥控制系统，从而使得对方无法调兵或发射导弹。

此外，黑客们还积极研究"虚拟现实"战术，其目的就是力争不动一兵一枪，创造出虚假信息来动摇敌人的斗志。比如在战争进行过程中，用虚拟现实和计算机成像技术制出和散布敌国最高统帅的影像，并让他发表不利于战争继续进行的言论，借此扰乱敌军军心。

五角大楼一直在研究所谓的"网络武器"，希望有朝一日能用电脑代替炸弹，在千里之外就可对敌人发动更快速、更少流血但更具威力的远程袭击。按照设想，美军未来只需在电脑终端前轻松敲打键盘，就可以实现让敌国雷达系统失灵、电力供应彻底中断、通信全部紊乱的目的。美媒体称，2004年夏天，美国总统布什签署了一份秘密文件，同意对敌方计算机网络发动"黑客式毁灭性"袭击。美军战

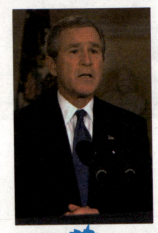

布什

略司令部前司令、空军少将约翰·布雷德利直言不讳地说："我们现在花在网络攻击上的时间远超过花在网络安保研究上的时间，因为非常非常高层的人对网络攻击很感兴趣。"美军方人士向媒体透露说，现在数项"绝密黑客计划"正在进行之中，有关网络战的全新战争政策和交战规则也在制定之中。

美军称建立这样一支特种部队，是为了顺应信息化战争的需要。早在2002年，美国国防部就提出了"网络中心战"理论，准备在未来战场上，发动一场没有硝烟的"黑客大战"。布什政府一直对获取各类"可改变战

美国白宫

争方式"的武器系统非常感兴趣。白宫官员也表示，美国完全有能力对敌人发动"网上破袭战"。在伊拉克战争爆发前，五角大楼就曾想对巴

麻省理工学院

格达发动一场全新的网上战争。不过，来自麻省理工学院的网络安全专家也指出，由于美国自身同样大量依靠电脑网络体系，如果贸然发动"黑客战"，很可能引火烧身，导致自己的电脑体系也同时遭到来自敌人的毁灭性袭击。目前，五角大楼专

门委派了一名将军来指挥"超级黑客"特种部队。这只部队当前主要有三方面任务:第一,试验各种现有网络武器的效果;第二,制定美国使用网络武器的详细条例;第三,培训出一支过硬的网上攻击队伍。美军希望,政府能提供确切的网上打击要求,以便确定自己的作战手段和方案。据称,将现有技术应用到实际中还有很大距离。而且据五角大楼官员也透露,美军发动"黑客大战"需要"得到最高层的批准"。

军事小百科

2001年中美黑客大战

2001年4月1日,美国一架海军EP-3侦察机在中国海南岛东南海域上空活动,中方两架军用飞机对其进行跟踪监视。北京时间上午9时07分,当中方飞机在海南岛东南104千米处正常飞行时,美机突然向中方飞机转向,其机头和左翼与中方一架飞机相撞,致使中方飞机坠毁,飞行员失踪。4月1日,浙江湖州籍优秀飞行员王伟,以自己的青春和生命,捍卫了国家的主权和民族的尊严,在万里碧海蓝天,写下了当代军人对祖国的忠诚。

EP-3侦察机

中美撞机事件发生后，中美黑客之间发生的网络大战愈演愈烈。自4月4日以后，美国黑客组织PoizonBOx不断袭击中国网站。对此，我国的网络安全人员积极防备美方黑客的攻击。中国一些黑客组织则在"五一"期间打响了"黑客反击战"！

中美黑客大战

自4月1日发生撞机事件以来，多个美国政府和商业网站遭到了中国黑客的攻击。一张贴在被黑网站首页上的帖子写着："黑倒美国！为我们的飞行员王伟！为了我们的中国！"。美国一家著名的网络安全公司宣布了一项调查数据，称自从撞机事件发生以来，两国网站上的黑客攻击事件每天都要发生40~50起，而在这之前，这个数字仅为1~2起。

撞机事件的谈判仍在继续，而网上的斗争却已然火热。一场规模更大、牵涉面更广的黑客战争，再次逾越浩渺的太平洋，在网络上展开。

（1）一场事先张扬的黑客事件

早在4月19日，美国的Wired.com网站在一篇分析中就提到：有消息称，中国的黑客们已经计划在"五一"期间发动一次七天战役，全面袭击美国网站。一个以涂改网页著称的美国黑客在后面跟了一个帖子："所有的美国黑客们联合起来吧！把中国的服务器全都搞砸！"

4月26日，一家名叫"中国红客联盟"的组织发表战前声明，这个网络安全组织的成员被称为"红客"而不是"黑客"。第二天，美国联邦调查局发布了提醒网站加紧防卫的文件，中国ChinaByte网站则刊文提醒中国网民需要提防美国黑客。

4月29日晚11时，在一个门户网站的公共论坛里，电脑屏幕刷新的速度飞快。"美国的PoizonBOx黑客组织目前仍在积极策划攻击行动，目标就是中国的各大网站，他们还不断唆使更多黑客加入战团。"22岁的中关村黑客小杨把刚刚从美国网站上看到的动态贴到了聊天室里。"我们要通过互联网显示中国的强大力量，告诉他们中国是不可欺负的！"这位略显单薄的青年语气坚定，他是一个著名黑客组织的骨干，他说这次网络攻击将在5月4日达到顶峰，因为那天正好是青年节。

4月30日晚，中国红客联盟站点。四天前发布的声明吸引了一众网友，会议中心里"挤满"了人，这当中有平素习惯于单打独斗的老黑客，也有刚刚入门的网络新手，他们都是来开战前动员大会的。此次战役，被列为攻击目标的美国网站，以政府、军事网站为主，除了白宫之外，还包括美国联邦调查局（FBI）、美国航空航天局（NASA）、美国国会、《纽约时报》《洛杉矶时报》以及美国有线新闻网（CNN）的网站。同时进行规

联邦调查局

模化攻击的还有"中国黑客联盟"以及"中国鹰派联盟"牵头的黑客群体。聊天室里，不断刷新的屏幕上随时向红客们公布着最新战况。

一些美国网站成功地对部分黑客进行了跟踪，掌握了此次网上战斗的证据。据美国网络安全专家称，中国黑客在广泛扩充攻击队伍，并在网上提供一种叫"杀死美国"的黑客工具，包含有预制好的图表、口号等，但他们只是在教人们如何涂改页面，并没有对网站的DOS（发送无

白宫网站

用的信息，堵住对方网站的大门）进行破坏。

网络安全顾问杰瑞·弗里塞评论说："中国黑客之间的默契度令人惊讶，他们的组织非常有序，令人称奇，较之西方黑客也更加严密。"

经过一天一夜的攻击，中国红客联盟宣布"攻陷"美国站点92个，而据网友透露，被黑的中国站点则已超过600个（包括台湾地区的网站）。由于考虑到统计上的误差，没能将一些红客所黑的网站进行及时统计，因此中美被黑站点比例大约在三比一左右。

（2）八万红客冲垮白宫网站

"五一"大战甫停，第二天上午，就有来自美国的消息称，随着中国"五四"青年节的到来，中国黑客的攻击将会达到高峰，为此，七八个美国黑客团体组成了一个"中国计划"联盟，准备与中国黑客再战网络。

有美国的网络安全专家认为，就"五一"中美黑客大战来讲，目前双方作战的基本手法，除了将对方网页进行你来我往的涂改之外，也不见有其他的高招，并且，过了5月4日之后，这种简单的攻击还会减少。

其实他们错了，因为在5月4日的交战中，中国黑客采用了信息战中罕用的"人海战术"，紧紧盯住了美国白宫网站，这场战争一直持续到了5月8日。

美国当地时间5月4日上午9时到上午11时15分，美国白宫网站在人海战术的攻击之下，被迫关闭了两个多小时。白宫网站的新闻负责人吉米说："大量数据的同时涌入，堵塞了白宫与其互联网服务提供商（ISP）的连接通道。"白宫网站同时接到了大量要求服务的请求，以至于合法用户无法登录该网站。

截至5月8日凌晨，美国白宫官员表示，他们目前仍旧无法确定5月4日对美国白宫网站实施"拒绝服务攻击"的黑客究竟来自何方。

5月8日23时50分，在广州体育西路的一幢写字楼里，记者见到了在此次中国黑客反击事件中充当策划组织者角色的"中国鹰派联盟"负责人Chinaeagle。在谈到5月4日的攻势时，他笑着冒出了一句："中国有那么多的人，人海战术嘛！"

而在他桌面上，有一份几天前的报纸，赫然印着一行醒目的大标题："中国八万黑客冲垮白宫网站"。

5月9日零时，在历经七天的反攻之后，中国黑客组织宣布停止反攻。

虚拟战

◎ 虚拟战场

　　虚拟战场环境指的是以数字地图为基础，利用战场环境仿真技术构建的多维信息空间。战场环境仿真是军事测绘现代化建设的重要成果，

虚拟战场

　　也是数字地球和数字中国在数字化战场建设中的具体应用。虚拟战场环境的主要特点是"可进入"，即在电脑的显示器上"走进"虚拟战场就仿佛闯入了真正的战场，既可以看到山峦沟壑，也可以感受到战火纷

飞、硝烟弥漫。在这样的环境中，指挥员可以获得充足的战场信息，拥有决策优势，贯彻各种战术思想，体会运筹帷幄的惊心动魄；士兵可以熟悉战场环境，适应战场氛围，训练战斗技能和坚韧的意志。在阿富汗战争打响之前，美国陆军装备司令部曾出资10亿美元构建了逼真的阿富汗虚拟战场，模拟了从沙漠到丛林以及拥挤的街道等各种地形，并通过人工智能的方法设计塔利班"士兵"供参战人员模拟射击使用。它将参训人员带到像实战一样、弥漫着危险气氛的环境，让他们相信自己可以应付眼前

虚拟战场

的一切。等到这些人员真正上战场时，他们已经成了熟悉战场环境的老兵了。

美军早在对伊拉克开战半年前就构建了巴格达城区的虚拟战场，将所有的建筑物、街道、公共设施、树木等全部模拟出来。使演练的士兵有身临其境的感觉，既可以判定进攻方向、威胁强度、掩蔽位置，又可以制定作战预案，进行战斗演练。

虚拟战场环境在武器试验中的作用更充分体现了信息技术的优势。在现实中，高新武器的研制试验总要耗费高昂的经费，而在虚拟战场环境中测试武器装备的准确射程、打击范围、损毁程度等指标，不仅精确度高，也大大节省了经费。我军测绘部门早就开始了利用虚拟现实技术

构建虚拟战场的研究，应用于历次重大军事演习及平时军事训练中并取得了突破性进展。

"知己知彼，百战不殆。"在现代战争中，信息量的多少和准确与否就意味着战争的胜负。而虚拟战场环境像一束强光，它可以穿透战场的迷雾，使战场变得更加透明。

虚拟战场

◎ 电脑游戏

作为"虚拟战场"的重要组成部分，电脑游戏集声光电于一体，模拟战场逼真，实战氛围浓烈，能使受训官兵随时"进入"高山、丛林、沙漠、城市等地域展开"对敌作战"，实现了战术与技术、技能与智能的有机结合。

近些年来，利用计算机系统构建的"虚拟战场"来组织部队开展相关课目的训练，受到了越来越多国家军队的重视。以美军为例，诸如《全景战士》《使命召唤》和《美国"海豹"特遣队》等电脑游戏在部队训练中就得到广泛应用，也收到了良好的

《使命召唤》游戏场面

效果。其他发达国家军队也加大了主战坦克、战斗机、核潜艇、航母战斗群等电脑模拟训练系统的研发力度，以便使官兵能在虚拟的"未来战场"上"冲锋陷阵"，提高战技能力和谋略水平等。

相比之下，中国军队在利用电脑技术构建"虚拟战场"，开展模拟训练方面同发达国家还存在较大差距，有些人甚至对"虚拟战场"还存在错误认识。比如，有人一提军事电脑游戏，就认为是玩多练少，没什么作用，在他们看来，训练还得真刀真枪才行。但实际上，军事游戏中设计的"虚拟战场"通过配置不同的战场环境和作战对象能帮助官兵了解不同兵种、不同部队的作战特点，提高官兵的战术意识、战术水平和协同作战能力。而且，利用"虚拟战场"还能解决因训练场地、经费、设施等不足而难以开展训练的一些课目，对提高训练质量，改善训练环境，节约训练成本都有着十分重要的作用。

其实，对中国军队来说，"虚拟战场"的概念并不陌生，而且现在中国"虚拟战场"的研究水平也越来越高。一方面，中国军队目前已初步具备利用"虚拟战场"展开军事训练的基础条件。特别是近年来，随着军队信息化建设的发展，各级都在加大力度建设局域网，为利用"虚拟战场"展开军事模拟训练提供了相应平台。有些部队已把

网络游戏

主战坦克、战斗机、步兵战车和汽车驾驶等多种仿真"游戏"投入到训练实践中去，效果也非常明显；另一方面，随着现代信息技术的普及推广，军队官兵的信息素质得到了普遍提高，有些官兵入伍前就是"网络高手"，对一些网络游戏还"情有独钟"，甚至还能开发一些简单的军事游戏软件，这都为开发利用"虚拟战场"奠定了良好的基础。

虚拟战场

为使"虚拟战场"这一现代化的训练方式和平台尽快走进中国军队的演兵场，各部队在思想上应高度重视起来，切实认识到"虚拟战场"在推进部队训练的重要作用，采取各种措施和手段，积极研制开发具有自主知识产权、适应中国军队作战特点的军事训练游戏软件。军队平时要善于谋划组织多种"网上对抗演习""军事游戏对抗训练"等活动，有组织、有计划、有目的地让官兵在各种"虚拟战场"上扮演不同"角色"，以适应"战场"环境，为展开实兵实弹演练，提高信息化条件下的作战能力打好前战，做好铺垫。

◎ 虚拟战场"假戏成真"

虚拟现实技术是20世纪90年代开始发展起来的一项新技术，是计算机技术、传感技术、多媒体技术、模拟仿真技术等多种新科技成果综合发展和应用的结果，可以用仿真形式创造出能够真实反映未来战争和武

刀光剑影下的文明

器作战效能的三维图形环境，给人一种身临其境的真实感。而与实战训练相比，虚拟技术的优势在于以下几个方面：

（1）大量降低训练费用，大幅提高训练质量

对于任何一支军队来说，战争都是最好的"老师"，战场则是最生动的"课堂"。20世纪60年代末，美军曾对其空军作战情况进行过一次调查统计。结果表明：从未参加过战斗的飞行员在执行初期的10次任务时，其生存率只有60%；然而10次后，再执行任何新任务，其生存率都能超过90%。美军在总结这一调查结果的基础上认为，"实战经验"是部队在作战中减少伤亡、夺取胜利的一个关键因素。

在没有战争的和平时期，士兵很少有机会进行真正战场上的实战训练。而为了能在和平条件下获取"实战经验"，就要对部队进行近似实战的训练，这也是20世纪90年代以前世界各国军队始终坚持的训练思想。但这样学习战争的"学费"实在太过昂贵。据有关资料统计，在美军海湾战争之前近4年的军事行动中，因训练死亡的人数高达4666人；而同期美军死于战斗行动的人员只有170名，其中还包括了海湾战争中死亡的121人。同时，在实战化的军事训练中，无论是飞机、坦克、军舰和导弹，每动用一个小时，都要以黄金计价。以美军为例，一架 FA-18战斗轰炸机每飞行一小时需耗费5000美元，一枚精确制导炸弹的造价为2～3万美

FA-18战斗轰炸机

元，而一枚地空导弹的发射费用则超过100万美元，这是一个中等美国家庭每年开支的好几倍。

　　但如何降低学习战争的"学费"呢？解决办法就是虚拟现实技术。利用虚拟现实技术进行"虚拟演练"，可为在和平时期学习战争创造一个廉价而又安全的"课堂"。在虚拟环境中，"发射导弹"不用花费一分钱。虚拟演练也可以避免实兵演练的危险，如在飞行训练中飞行员可在虚拟现实模拟系统中完成在现实世界中较危险的动作而绝无危险。实践证明，利用虚拟现实技术进行模拟训练，不仅可以大大减少人员伤亡，降低训练费用，还可以大幅提高训练质量。有专家发现，一些使用虚拟现实训练的飞行员通过20个小时的训练，便可达到在现场实际飞行4年才能达到的技术水平。基于此，美军指出，战场是一个探索如何有效作战的地方，但代价巨大。而革命性的训练强调训练的逼真性，使从未参加过战斗的士兵获得"实战经验"，通过模拟训练取代诸如空军那种至关重要的"初期的10次飞行任务"。

　　美军耗资数十亿美元建成了"近战战术训练系统"，该系统利用许多先进和主干系统的光纤网络和分布式模拟技术，构建了一个虚拟的作战环境，可与从韩国到欧洲的大约65个工作站相连。各站之间

战斗车辆

迫击炮

可迅速传递坦克、战斗车辆、火炮等"装备"的信息和数据，使士兵能在动态的虚拟环境中进行作战演练。日本自卫队也投资1.4亿多美元，新建了目前世界上最先进的模拟战争训练基地——陆上自卫队富士训练中心。这个复杂系统中有一个间接开火系统，其中包括虚拟的地雷、迫击炮和激光机枪。而美军在2001年1月22～26日举行的代号为"施里弗–2001"的太空战演习实际上也就是一场电脑模拟的演习。

（2）战前"不战而屈人之兵"，战中"以虚胜实"

1993年2月1日，美国海军陆战队员正在索马里执行代号为"恢复希望"的武装干涉行动。下午2时许，强烈的沙暴突然袭来，一时沙尘弥漫、天昏地暗。不久，在昏暗的天空中隐约出现了一幅面积约为150米×150米的模糊头像。几分钟后，这幅头像逐渐清晰。陆战队员们终于认出来了，原来这是受难的耶稣的影像，样子和平时在宗教作品和文艺作品中描述的一模一样。陆战队员们顿时惊惶失措，以为耶稣显灵了，都不由自主地跪了下来，许多人甚至泪流满面地用手在胸前虔诚地画着十字。5分钟后，沙暴平息，耶稣像随之消失。后来海军陆战队员才知道，这原来是美军运用虚拟现实技术进行的"虚拟战"试验。

虚拟战就是利用虚拟现实技术，模拟与敌方交战的手段和方法，或在战场上制造能够瓦解敌方斗志的逼真场景，从而达到威慑敌方或创造有利于己的战场态势的目的。未来战争中的虚拟战主要有两种样式，即虚拟威慑和虚拟破敌。

所谓虚拟威慑，就是在与敌方交战之前，运用虚拟现实技术模拟敌方可能行动、己方对抗措施和敌方惨败的后果，并公开展示，使敌方意识到若交战将产生使自己难以承受的后果，进而失去对抗的信心，最终达到威慑的目的。波黑战争几经周折，最后之所以能达成和平协议，美国成功地进行虚拟威慑可以说是一个重要的原因。在谈判过程中，穆、克、塞3方领导人围绕着"权"和"利"进行了激烈的讨价还价。美国方面运用计算机虚拟现实技术详尽地显示了各方所要求的版图，并对各种方案的得失进行评估，

战争带来的伤亡

其利弊分析的精辟程度令这些国家的领导人叹为观止、自愧不如。慑服于美国的信息优势，三方领导人很快达成了协议。

所谓虚拟破敌，就是指在战场上与敌交战的过程中，运用虚拟现实技术制造出某种可以削弱或剥夺敌战斗意志的场景，从而使敌人陷入混乱，为最终胜利创造有利的战场态势。

相比而言，虚拟破敌较虚拟威慑更为有效，也更容易实施，因此在未来战争中使用的可能性就更大些。美军1993年在索马里实施的就是虚拟破敌试验。虽然从根本上说，这种虚拟战追求的还是"不战而屈人之兵"的目标，但由于最新高技术成果的加盟，战术从内容到手段上都被赋予了全新的内涵。从内容上看，虚拟战将冲破传统威慑"实力+决心+信息传递"三要素的制约，实施虚拟攻击的一方可能既无军事实力，也无与敌交战的决心；而从手段上看，炫耀武力、层层加压的军事吓阻，未来也可能会最终让位于计算机专家鼠标加键盘的游戏。

（3）未来战争需要虚拟攻击，也离不开实兵动作

既然虚拟战有如此奇妙的功能，那么未来战争是否可以不用真刀真枪、单靠计算机就可以一决胜负了呢？如果真是这样的话，那么"绿色战争"（"零伤亡"战争）不就可以最终变为现实了吗？但目前来看显然不可能。现代战争要获胜，无兵力的机动、火力的毁伤，单靠信息攻防不可能奏效。同样，在未来战争中，离开实兵动作的单纯虚拟攻击同样不能最终解决战争胜负问题。

从古至今，战争永远都是充满了流血和牺牲的。如果说真的存在"绿色战争"的话，那么这种"绿色战争"也是非对称的、零和的。一方的"零伤亡"是通过对另一方造成更大的人员伤亡和财产损失来达成的，这一点也是被冷战后多次高技术战争所证实了的。对此，就连美国陆军空间与战略防御司令部司令杰埃·加纳中将也承认：尽管"国家领导人将来只在有把握打赢虚拟战争的情况下才敢下决心打仗"，但"战争不可能是没有痛苦的电子游戏"。

未来的信息化战争是以信息对抗为核心的战争，但并不代表着要排斥电子对抗、火力对抗等传统的对抗形式，可以说它是虚与实的有机结

合。这里所说的"虚"即虚拟战，是信息对抗的一种表现形式；"实"即电子战加火力战，是解决战争胜负的最终手段。虚实相生，方能达到"形敌而我无形""因敌而制胜"的最佳境界。不过，要做到虚实相生，还需要把握两个方面的问题：一是虚拟战实际上也是一种心理战，必须弄清楚什么样的情景最容易瓦解敌人的心理防线，最容易削弱敌人的战斗意志，从而更有针对性地实施虚拟现实模拟。美军1993年在索马里采用耶稣的影像实施虚拟战试验是有效的，但若面对的是东方军队，此法就不会有什么效果。二是虚拟战往往仅仅是为战胜敌人创造一种有利的战场态势，要想最终取得胜利，还必须在这种战法取得一定效果之后，及时采取电子战、火力战等其他行动予以配合。

信息战

◎ 信息战简介

信息战，也叫指挥控制战、决策控制战。信息战的目的在于以信息为主要武器，打击敌方的认识系统和信息系统，影响、制止或改变敌方决策者的决心以及由此引发的敌对行为。单从军事意义上来讲，信息战是指战争双方都企图通过控制信息和情报的流动来把握战场主动权，在情报的支援下，综合运用军事欺骗、作战保密、心理战、电子战和对敌方信息系统的实体摧毁、阻断敌方的信息流，并制造虚假的信息等手段，影响和削弱敌方指挥控制能力。同时，也确保自己的指挥控制系统免遭敌人类似的破坏。

20世纪80年代初，美国社会预测学家阿尔温·托夫勒的《第三次浪

刀光剑影下的文明

潮》一书一经出版便引起了美国军方高度关注，随后就有人开始研究信息时代的战争。1989年美国军方有人提出"计算机病毒战"这一概念。

阿尔温·托夫勒

1990年11月，托夫勒《权力的转移》出版，书中用了一章的篇幅来阐述信息战，但也主要是从市场意义上探讨的。1992年，美军有人提出计算机战的概念。1993年，托夫勒《第三次浪潮的战争》出版，社会预测学家终于把研究信息战的眼光由社会转向了军事领域。与此同时，美军中关于信息战的变革风潮日涨。1991年爆发的海湾战争被称为人类首次信息战，它加快了世界范围内信息战研究与应用的步伐。

而与美国人相比，我军关于信息战概念与理论的提出要更早一些。20世纪80年代中期，我国中央军委机关报《解放军报》开设了"未来战场设计"栏目，极大地拓宽了我军军事学术研究的视野，为我军建立先进军事理论奠定了坚实的基础。在百花齐放，百家争鸣的学术环境下，陆军少校沈伟光1985年就开始对信息战进行研究。1987年4月17日，沈伟光在《解放军报》上发表了一篇以"信息战的崛起"为题的文章，介绍了他对信息战研究的学术观点。1990年3月，沈伟光独立完成的世界上第一部《信息战》专著，由浙江大学出版社出版并向社会公开发行，这本书的出版时间也比托夫勒《权力的转移》早了9个月。不久，海湾战争爆发了，我军的目光也开始投向以信息战为标志的高技术战争。

◎ 信息战的特点和作用

信息武器主要具有破坏信息系统和影响人的心理的两大特点。

（1）破坏信息系统。这里所说的信息有两种，一种是指通过间谍和侦察手段窃取的重要机密信息，另一种是负面信息。输入负面信息有两种途径，一种途径是可以借助通信线路扩散计算机病毒，使它侵入到民用电话局、军用通信节点和指挥控制部门的计算机系统，并使其出现故障；第二种途径是可以采用"逻辑炸弹"式的计算机病毒，预先把病毒植入信息控制中心由程序组成的智能机构中，这些病毒会依据给定的信号或在预先设定的时间里发作，达到破坏计算机中的资源使其无法工作的目的。

网络信息

（2）影响人的心理。信息武器最重要的威力还在于它对人心理的影响并据此控制其行为。据称，在海湾战争中，美国国防部依据阿拉伯世界普遍信奉伊斯兰教的特点，特别拟定在空中展现真主受难的全息摄影，以使目击者遵从"天上来的旨意"劝说自己的教友停止抵抗。据说另有一种666号病毒能在荧光屏上反复产生特殊的色彩图案，使电脑操作人员昏昏欲睡，萌生一些莫名其妙

伊斯兰教徒

的潜意识，从而引起心血管系统运行状态的急剧变化，直至造成大脑血管梗塞。

信息战将极大地促进情报收集技术的进步和发展。目前，西方国家已经使用间谍飞机和携带照相机的无人侦察机来侦察地面的敌人。在未来战场上，成千上万的微型传感器将被大量空投或秘密置于地面。美国正在制作一种雪茄烟盒大小的无人空中飞行器，它可以"嗅出"作战对象所处的位置；可以秘密地向敌军部队喷洒烟雾剂，秘密地在敌军的食物供应中投入化学剂；还可以飞过敌军头上的生物传感器，并能根据敌人的呼吸和汗味跟踪敌军的行动位置，确定攻击目标。

利用信息战也可弥补军队常规武装力量的不足。信息战是一场没有硝烟的战争，它能够先于武装冲突进行，从而避免流血战争。它能够加强对一场兵刃相见的战争的控制能力，比如可将计算机病毒植入敌方可能会使用的武装系统中，武器的所有方面似乎是正常的，但弹头不会爆炸；还可以在敌方的计算机网络中植入按预定时间启动的逻辑炸弹，并保持在休眠状态。等到了预定时间，这些逻辑炸弹将复活并吞噬计算机

军用无人机模型

数据，专门破坏指挥自动化系统，摧毁那些控制铁路和军用护航线的电路，并将火车引到错误路线，造成交通堵塞等，在一定程度上起到不战而屈人之兵的作用。因此有人预言，"未来战争可能是一场没有痛苦的、计算机操纵的电子游戏"。

作为未来战场上一种新型作战方式，信息战还将对各国军队编成结构产生巨大影响。由于微处理器的运用，武装系统更加小型化，用电子控制的"无人机"将被用来追踪敌军目标，

航空母舰和有人驾驶的轰炸机可能会逐渐过时，指挥员和战斗员之间负责处理命令的参谋人员的层级将大大减少。随着技术的发展，未来将需要更多的技术人员来操纵的战场装备，而他们与士兵之间的区别也将变得越来越模糊。

信息战或许能够避免流血或死亡，但信息战的打击面将是综合的、立体的、全方位的，可以在敌国民众中引起普遍的恐慌，从而达到不战而胜的效果。因此实际上，信息战和其他形式的战争一样可怕。而且，未来信息战还将对非军事目标产生更大的威胁，未来战争中可用计算机兵不血刃、干净利索地破坏敌方的空中交通管制、通讯系统和金融系统，但也会给平民百姓的日常生活造成极大混乱。

◎ 信息战实例

1991年的海湾战争虽称不上是一场真正意义上的信息战，但信息战武器在这场战争中也建立了赫赫战功。多国部队取得了绝对意义上的"制信息权"，他们通过计算机病毒武器攻击了伊拉克的指挥控制网络系统，使其完全失效。整个伊军就像一盘散沙，只能任人宰割。时隔8年后，1999年北约部队对南联盟发动空袭的同时，也利用信息战技术破坏

海湾战争

了南联盟的无线电传输、电话设施、雷达传输系统等，瓦解了其电信基础设施。幸亏南联盟政府不具备太多的因特网基础，其军事信息似乎也并不利用互联网进行传输，因此其军事力量并未遭受太大的削弱。

而美军对伊拉克发动的战争中信息战应用的范围更广，对战争产生的影响也更大。美英联军通过一系列特殊形式的信息攻势，达到了造"势"、造"假"、造"谣"和煽"情"的目的，淡化了战争带来的负面影响，鼓舞了己方士气。并以确定和不确定的"新闻"对敌军施以强烈的刺激和影响，造成敌军心理哗变的态势，将战役的主动权牢牢掌握在己方手里，给伊军造成强烈的心理震慑，为最终取得胜利做好了铺垫。